图书在版编目（CIP）数据

销售怎样说，客户才肯听，销售如何做，客户才愿买 / 陈飞著 . — 广州：广东人民出版社，2018.7
　　ISBN 978-7-218-12904-4

　　Ⅰ . ①销… 　Ⅱ . ①陈… 　Ⅲ . ①销售—方法 　Ⅳ .
①F713.3

中国版本图书馆 CIP 数据核字（2018）第 115704 号

Xiaoshou Zenyangshuo, Kehu Caikenting, Xiaoshou Ruhezuo, Kehu Caiyuanmai

销售怎样说, 客户才肯听, 销售如何做, 客户才愿买

陈 飞 著

出 版 人：肖风华

责任编辑：马妮璐
责任技编：周　杰　易志华
装帧设计：刘红刚

出版发行：广东人民出版社
地　　址：广州市大沙头四马路 10 号（邮政编码：510102）
电　　话：（020）83798714（总编室）
传　　真：（020）83780199
网　　址：http://www.gdpph.com
印　　刷：三河市荣展印务有限公司
开　　本：787mm×1092mm　1/16
印　　张：15　**字　数**：172 千
版　　次：2018 年 7 月第 1 版　2018 年 7 月第 1 次印刷
定　　价：39.80 元

如发现印装质量问题，影响阅读，请与出版社（020 – 83795749）联系调换。
售书热线：（020）83795240

前　言

　　如今进入网络信息时代，销售已经完全脱离了传统意义上的含义，而升华为一种全新的理念贯穿于生活的每个角落，这就让"销售"这两个字逐渐上升为一门艺术、一门技术，成为一种对销售人员更具挑战性的事业。

　　在销售过程中，销售人员与客户之间必不可少的是沟通和交流，在这个过程中，销售人员要千方百计、全力以赴地引导和说服客户购买产品，而客户也并不一定会照单接受、完全买账。他们很可能会对产品吹毛求疵，提出各种问题，借此喋喋不休地讨价还价。面对如此刁难的客户，你决不能保持缄默、坐以待毙，毕竟在这场销售活动中，你才是主角，所有的销售情节和场景应当由你来支配和掌控；而不是让客户牵着你的鼻子走，否则你是很难达到销售目的的。所以，并不是所有的销售人员都能轻轻松松地荣登"销售天才""销售大王"宝座的。

　　有人认为，能够顺利、圆满完成销售工作的人就是销售天才，而这些是自己无论怎样都学不来的本事。他们往往用"自己注定学不来"这一连自己都无法说服的理由来为自己开脱。然而"天才"完全是可以复制的。这些人之所以悲观，并不是因为自己疏于勤奋、太过清高，而是因为他们没有找到使自己练就成为销售天才的法门。

　　销售本身具有独特的属性，不仅对说的技巧提出了很高的要求，而且对做的方式也提出了一定的挑战，可以说销售是说话艺术和实战技术的结合体。如果你能够将说话的艺术和实战的技术运用得炉火纯青，那么你就离成为销售天才的这一天更近了一步。换句话说，销售天才就是从"如何说"和"如何做"练起的。

人人都会说话，关键在于用什么方式说、用什么态度说、用什么语气说，如何说才能让客户愿意静下心听你娓娓道来，并能够接受你推荐的产品，更能够自发地为你的产品做转介绍，将其分享给身边更多的人。其实，这里边是有着十分高深的学问的。和客户沟通，不但要掌握语言表达技能，把话说得温暖人心，还应当掌握销售心理学，深入探究客户的内心，这就要求销售人员要掌握专业的学识，用专业的眼光为客户做出专业性指导。这些知识和技能在成功说服客户购买的过程中是至关重要的，能够帮你成功打开一个好的销售局面。

当然，销售人员不但要会说，还要会做。在销售中，你所做的任何事情都是为客户埋单服务的，然而如何做、怎么做、用什么样的态度去做却关乎销售的成功与否。可以说，"说"是为"做"做铺垫，而"做"是为"说"进行进一步升华。所以，你不但需要运用各种策略和技巧应对客户的讨价还价，还需要"看碟下菜"，差异化地应对不同类型的棘手客户；不但要经营好你的人脉，在充满人情味的基础上开展销售活动，而且要善于运用各种奇思妙想的心理刺激来加速成交，甚至还需要发挥你的潜质，为客户"洗脑"，让客户吃下"定心丸"。这些对于销售人员尤其是对于初出茅庐的销售新人来讲，是着实需要学习的。

所谓"动之以情，晓之以理"，销售人员要知道怎样说才能有理有据地说服客户，让客户愿意听；更需要知道怎样做才能用颇具人情味的行动感化客户，让客户愿意买。

　　本书是为销售人员量身打造的一本成就销售天才的指南，从"销售怎样说，客户才肯听"和"销售如何做，客户才愿买"两方面入手，通过各种实操方法和技巧、详尽的实例，向每一位销售人员传授销售天才的成功之道和销售智慧，帮助每一位销售人员特别是新进人员充分运用自己的销售天分，在销售领域中能够快速脱颖而出，成为企业中可遇而不可求的独门销售武器以及核心竞争力。

目　录

目录 CONTENTS

Part 1

话语攻心，与客户沟通是一门艺术

第1章
先建立感情基础，后做销售

当前市场上的产品日益同质化，企业要想在竞争激烈的市场中领先竞争对手，就必须要有异于他人的强劲优势。以往，品质战、价格战是销售人员拿下客户的核心手段，但现在并不能因此而长久获益。如今，先建立感情基础，后做销售，才是获得长久买卖、实现名利双收、获得多赢局面的利刃。

初次见面只谈感情不谈销售

很多时候，销售人员往往在与客户初次见面的时候就满怀热情地推销自己的产品，结局往往是被客户冷漠拒绝。大多数客户可能会告诉销售人员没时间或对你的产品并不感兴趣。遭遇这样的情况，基本上都是因为这三个原因：第一，客户真的没时间；第二，客户对推销抱有抵触心理；第三，你对推销对象并不明确。

那么，如何才能避免一开口就遭到客户的拒绝呢？

基于以上三方面的原因，我们初次与客户见面可以先不谈与产品销售有关的事情，而是先与客户谈感情，争取能够快速获取客户的好感与信任，并更好地了解客户是否可以发展为目标客户，在此基础上再谈销售就会变得容易很多。

某乐器配件类产品生产厂刚刚成立不久，员工也不多，凡事都是老板亲力亲为。老板手下除了车间的几个员工，就只有两位业务员。这两位性格迥异的业务员在能力上不相上下。老板决定在年底的时候为其中一位业务员涨工资，于是对他们的日常业务进行考核，考核内容并没有向两位业务员透露。

　　这家乐器配件生产厂主要的销售对象是外贸出口以及和国内的琴行，此时恰好有两位意向客户。于是老板把这两位客户分别交给了两位业务员跟进，两位客户并没有想象中那样容易应付，都是极难缠的人物。在跟进了半个月之后，业务员小贾最终决定放弃，和老板汇报情况之后另外去寻找新的客户去了。而另一位业务员小赵在半个月内使出了浑身解数去和那位客户谈判也没成功，但他并没有就此放弃，而是和客户继续沟通，最终从客户那里拿下了5万元的订单。

　　小赵选择了坚持，但他并不是盲目坚持，而是跟客户谈感情、套交情、讲友谊，做好了长期作战的准备。

　　生意场上有句话说得好："先做朋友，再做生意。"可见，面对一个陌生客户，建立双方之间的友好关系才是促成交易的首要任务。在与客户谈感情时，我们应当视客户为"恋人"，将与客户谈感情看作是在谈一场轰轰烈烈的恋爱，当"恋爱"谈成了，客户也就追到手了。然而，很多销售人员在向往追到客户后的激动和快乐的同时，却又惧怕追的过程，尤其是在初次见面的时候很难拿捏得当。因为客户的心思如女孩的心思一样难以揣摩，往往会随着心情的变化而变化、随着外部因素的干扰而变化，因此能够很好地拿捏客户的心思才是谈感情的关键。销售人员在与客户谈感情的时候，要做到以下三个方面。

1.大胆——一定要大胆"套近乎"

　　很多销售人员在遭到客户拒绝之后就会在内心产生一种挫败感，原本积极向上的热情在瞬间被浇灭，也就没有了继续在这位客户身上下功夫的勇气。试想，哪有那么多能够轻而易举被开发和拓展的市场呢？哪里有那么多能够按照你的想法和做法顺利"上钩"的客户？因此，销售人员拿下客户的关键就在于自己能够大胆面对挫败，并进行更多尝试，从情感入手与客户"套近乎"。销售人员在与客户攀谈的过程中，可以通过观察和提问不断拉近与客户之间的距离，同时挖掘客户的潜在需求。这就好比你在和心仪的对象谈恋爱的时候，能够在与她交谈的过程中观察她的一言一行，判断她的喜好、品位，这样才能投其所好地迎合她，让她对你产生好感。其实，做销售与谈恋爱的道理是相通的，你只有大胆地、发自肺腑地与客户谈心、谈感情，才能取得客户的信任，才能拎得清客户属于哪一种类型，这样才能助你在后续展开火力向客户推销产品的时候做到有的放矢。

2.细心——时刻关注客户的情绪状态

销售工作既是说话的艺术，更是一种心灵的沟通。因此，在与客户建立情感的阶段，我们不但要能言，还要善于分辨。在与客户沟通的时候，务必要时刻关注客户的情绪状态，从微小的表情和动作中观察对方的真实意图，而后你才能够判断什么样的语言表达方式能够表明自己的意图，并且更加易于被客户所接受，能够哄客户开心，进而有效促进成交。

3.厚脸皮——不要因一次失败而放弃

客户没时间、有抵触心理而拒绝你的推销行为，这本来就是情理之中的事情。因此，你无须对这样的事情而懊恼，更无须因为无法抵制内心的挫败感而选择放弃，这样做势必得不偿失，前面的努力也都会化为徒劳。要想拿下客户，你就要有一颗勇于挑战自我的心，把客户当作你倾慕已久的恋人，"死缠烂打"又何妨？只要方式正确，能够成功赢得客户的芳心，谁还会记得你之前的失败呢！

　　总而言之，销售人员在初见客户的时候，一定要把销售目的暂搁一边，与客户尝试着先谈感情。而谈感情的目的就是为了让客户对销售人员产生好感，并在短时间里引起客户兴趣、激发客户继续交谈的意愿，这样才能在之后推销产品的环节中赢得更有利的局面。

30秒打动客户，和客户一见如故

相信很多销售人员都抱怨过："客户的心越来越冰冷。""还没等把完整的产品介绍做完，就被毫不留情地拒绝了，有的客户甚至还恶语相向。"事实上，在抱怨之余，很少有销售人员会思考这样的问题：客户为何会表现出如此的行为和态度？

其实，每个人在面对陌生人的时候都会条件反射地产生一种自我保护心理，因此不会轻易向陌生人表达自己的心声、透露自己的情感，于是表现出来的就是一种冷冰冰的表情和行为。销售人员要想让客户不再冰冷，让客户能够耐心地听你说话，并最终融化客户的冰冷言行，就需要在最短的时间内用你的语言艺术打动客户，让客户感觉和你一见如故。然而，这个时间只有30秒钟！销售心理学分析认为，最佳的吸引客户注意力的时间是在最初与客户接触的30秒，只要你能够在这30秒的时间里吸引他们的注意力，能用你的语言打动他们，让他们对你产生一见如故的感觉，你的销售活动就会变得更加轻松。具体需要经过以下三个步骤：

1.设计客户感兴趣的开场白

当我们接触客户的时候，通常客户会忙于其他事情，这时候我们如果不能在最短的时间里用行之有效的方法突破客户冷冰冰的抗拒，不能让他们将所有注意力转移到我们身上，那么我们之后所做的任何事情都是无用功。

　　每一位优秀的销售人员都应该设计一套干净利索的开场白，借此在短短的30秒时间里吸引客户的注意，让他们能够放下手中的事情，专心聆听你的产品介绍。当然，在这30秒的时间里，自然是用一些具有独特吸引力的方式可以达到和客户一见如故的效果。

　　对同一事物感兴趣的人走到一起往往犹如伯牙遇到子期一般，彼此更能在内心产生一见如故的感觉。因此，从客户的兴趣点出发设计开场白，收获的效果会更佳。

2.使用相同的表达方式

　　无论你与客户以何种方式进行沟通，客户选择的表达方式都是他们的习惯和对事物的认识。如果你们使用相同的词汇进行表达，说明你们的思考是相同的，这样你在客户的眼中就是朋友而不是敌人了。这里的诀窍就是在最初聆听客户的语言表达方式时要注意观察和揣摩，并快速学习和使用客户习惯的表达方式，将客户的措辞自然地掺入到你的表达方式中。

　　王鑫是一家品牌家具厂的销售代表，负责北京市东城区的销售业务。每天面对各种类型的客户，王鑫都能应对自如，并且深受消费者的好评，成为该品牌的销售标兵。王鑫之所以能够获得如此好的口碑和销售业绩，并不是徒有其名，而是因为他用自己的经验总结出了一套切实可行的销售方式。

王鑫认为，销售行业不但面对的客户类型繁多，而且市场竞争越演越烈，如果不能快速打动客户并抓住客户的心，是很难在市场中取得销量的。于是，王鑫便根据自己的工作经验总结出了30秒打动客户的方法。每次面对新客户的时候，他都能在30秒的时间里博得客户的好感，而客户也会更加愿意与王鑫继续交流，并感觉和王鑫交流是一种放飞心灵的享受，感觉王鑫比自己更懂自己，有人甚至把王鑫称为是他们相见恨晚的知音、故人。其实，王鑫的销售方式很简单，那便是与客户使用相同的表达方式。比如客户是知识分子，王鑫就充分利用科学知识向消费者介绍家具的环保性能；当面对的是穿着时尚、充满潮流气息的年轻消费者时，王鑫就用当下最流行的网络流行语与客户交流，向他们推荐更能体现新潮特性的家具产品……客户与王鑫交流时自然会认为自己找到了兴趣相投的人，感觉更加有共同话题，因而更愿意从王鑫这里购买家具。

3.从双方能够达成共识的话题开始

在与客户沟通时，前30秒是关键阶段。如果能够在这30秒的时间里用你的语言技巧打动客户，让客户对你产生一见如故的感觉，那么你的产品销售就成功了一半。如果能在此基础上一鼓作气、乘胜追击，势必能够彻底征服对方。

某银行销售人员在向客户推荐一款理财产品时，这样说道："先生，您好。时间比较仓促，我想推荐我们银行的一款新产品，希望您一定看一下。这款产品在同类型的产品中很实用，而且稳定，希望它能够帮您理财，所以我在第一时间向您郑重推荐这款产品。"

这位销售人员如此向客户介绍自己的产品，虽然表明了自己对所推销产品的深厚感情，但并未提到使对方产生关注的兴趣点，相信任何一个客户都不愿意花多余的时间听这样的介绍。因为这样的产品介绍没有一点对客户有利的信息。这样的产品介绍还会引起客户的怀疑，让他们觉得这种销售人员大肆推销的产品必然是不太畅销的产品，从而让销售人员和客户之间产生深深的隔阂。

如果能够在谈话中融入与客户利益相关的、充满说服力的内容，就会让客户对销售人员更容易产生一种信任感。建立在客户利益基础上的话语才是能与客户达成共识的话题，这样的话题往往更能吸引客户，能让客户认为你是更了解他的朋友。

用发自肺腑的热情温暖客户的心

爱默生说过："缺乏热情，就无法成就任何一件大事。"对销售人员来讲同样如此。因为销售人员面对的是客户，销售人员与客户之间必须是心与心的交流，只有发自肺腑的热情才能感染对方。从某种意义上讲，热情意味着与人为善、友爱、关心、真诚、理解、帮助……热情也体现在销售的方方面面。

在缺乏热情的卖场里，销售人员与顾客之间往往语言简单，沟通少之甚少，或者说总是找不到话题，最后顾客只能带着尴尬离开。试想，如果你进了一家商场，想试穿一件衣服，却因为挂得太高而自己尝试几次都够不着，此时商场里的销售人员只是在远处默默地注视着你的一举一动并面带嘲讽的笑意。你是否会感觉异常尴尬？是否还会继续在这家商场购买商品？答案显而易见。

而在充满热情的卖场里，销售人员满面笑容，说出来的话能温暖到顾客心里去。在这样的销售人员面前，客户自然非常乐意购买其销售的产品。

销售人员应当如何用发自肺腑的热情温暖客户的心呢？

1.热情是对销售的产品充满激情

有时候，你的一个简单动作就能够让客户感受到你由内而外散发的激情，从而体现了你认真的工作态度。激情是有感染力的，你对自己的产品充满激情，就会在不经意间感染你的客户。试想一下，假如你是客户，会去购买连销售人员都不感兴趣的商品吗？销售人员对自己的工作和销售的产品热情与否，决定了他的销售事业是否更有发展前景。

阿基勃特在刚进入美国标准石油公司的时候是一个名不见经传的销售人员，但他有一个让人们很容易就联想到他的习惯，那就是他无论走到哪里，每当需要他签名的时候，他都会在自己的名字下方写上"每桶4美元的标准石油"这几个字，出差住旅馆登记、费用签单甚至写书信都是如此。因为这个习惯，阿基勃特被同事们戏称为"每桶4美元"。久而久之，他的真名几乎被人们遗忘了，大家看到他脑海中第一个想起来的就是"每桶4美元"。

公司董事长洛克菲勒知道了阿基勃特的事情后表示非常吃惊，并夸赞道："这名销售员所做的在常人眼中是小事，却给公司做了极大的宣传。"于是，洛克菲勒邀请阿基勃特共进晚餐。后来，洛克菲勒卸任，阿基勃特成了公司的第二任董事长。

也许，阿基勃特这样充满激情的举动在许多人眼里是不值一提的，但正是平时的积累才换来了厚积薄发的潜力。

2.热情是对客户全心全意的体贴

充满热情不仅是一个人外在的表现，还是其内心日积月累形成的一种习惯。这种习惯是通过外在的言谈举止体现出来的，会进一步影响他人。如果你的言谈举止能表现出处处为客户着想、为客户奉上全心全意的体贴和关怀，那么你的谈吐和举止都将表现出更加强劲的生机，将会受到更多客户的青睐。

　　江民是一家计算机直销店的销售员。一天，一位客户来到店里，看了店里所有的产品后也没有一款是中意的。当这位客户正准备离开时，江民走过来热情地对这位客户说："先生，您好，我是这里的电脑销售员，您是不是还没有挑选到满意的电脑呢？我可以帮您。我对我们附近的几家电脑销售店都很熟悉，我可以陪您一起去，还可以帮您砍砍价。"那位客户欣然答应了。于是，江民就带着这位客户到附近的其他几家店去转了转，但是客户还没有挑到自己喜欢的电脑。最后，那位客户对江民说："我还是从你这里买好了，说实话，我决定从你这里买电脑，不是因为你的产品比其他店里的好，而是你能够把我的事情当作你自己的事情来做，让我享受到一种宾至如归的服务，是这一点让我感动了。"后来，这位客户又从江民这里买了好几台电脑，还介绍自己的朋友到江民这里购买电脑。

　　需要注意的是，在为客户提供热情服务时，要把握好分寸。过分热情会给人一种虚情假意的感觉，会让客户加强戒备，无形中加固原本的心理防线。所以，过分热情不但不会温暖客户的心，反而会产生适得其反的效果。

替客户发声，让客户感觉你是他的"自己人"

通常情况下，客户会认为自己与销售人员之间只是一种利益对立的关系，这种关系中天然地存在一种敌对思想。客户之所以会有这样的想法，关键是因为销售人员没有让客户感觉到你是站在他们这一边的，是他们的"自己人"。

如果能让客户感觉到销售人员是"自己人"，那么销售人员能与客户谈到一起的可能性就很大，谈得更加融洽，双方达成交易的效率也就更高。这是因为人与人之间相处与交流往往都是更加希望能够找到彼此之间的"共同点"，这样才能有话可谈。当两个人把话谈到心坎里的时候，就会进一步发展为无话不谈。简单来讲，"自己人"实际上就是双方或多方之间共同结合的一个利益共同体。"自己人"这个共同体中，每个成员的思想观念和价值观是保持一致的，会给对方带来安全感。总之，销售人员了解客户越多，与客户之间的亲和力就越强，客户就越能接纳和欣赏销售人员，也越容易将其视为"自己人"，如此一来，增加订单成交量则是水到渠成的事情。

那么，如何才能让客户觉得销售人员是"自己人"呢？

1.具备客户的思维方式

要让客户觉得销售人员是他的"自己人"，最重要的一点就是销售人员要了解客户，具备客户的思维方式。如果对方是零散或偶然的客户，销售人员只有通过与客户用心沟通，才能发现其真实想法、真实需求及购买产品的侧重点，才能对症下药。因为只有更懂自己的人才能真正知道我们想要的是什么，也只有这样的人能让客户产生一种销售人员是"自己人"的感觉。如果面对的是企业客户，销售人员要设身处地地考虑企业客户运营流程的节奏和效率，同时还要明确其决策流程，这样才能准确地判断企业客户想要的是什么。当销售人员掌握和具备了客户思维方式的时候，客户也会对销售人员的实力和优势进行判断，认为销售人员能够站在他们的立场上为其提供更加契合的产品，就会觉得销售人员是"自己人"，自然会选择与销售人员合作。

2.用声音传递你是客户的"自己人"

销售员在进行销售活动时，主要是依靠声音向客户传递各种信息的。销售人员在与客户沟通的时候不要夸夸其谈，而是要让客户真真切切地感受到你是站在他的立场上，以他的利益为出发点，帮他说话。这时的你已经不再是一个单纯的销售人员，而是成了客户的高级参谋，他会用心感受到你的热情，当他觉得你可以信任的时候就会把你当成"自己人"，愿意与你达成交易。

用声音传递你是客户的"自己人"，就需要用更加关切的语言打开客户接纳你的窗口。从客户把你当成"自己人"的那一刻开始，客户就已经感受到了你的销售品质。

绝大多数销售人员在与客户尤其是与大客户第一次见面的时候，往往会表现得异常兴奋。他们会说："先生，您好。我知道您现在非常忙碌，我只需要占用您20分钟的时间讲述我们的产品和服务。"显然，销售人员对这次见面抱有极大的期望。但对于客户来讲，销售人员这样的说话方式并不能让其将宝贵的20分钟花在并不能给其创造巨大价值的销售人员身上。所以，当销售人员这样说的时候，已经将这次见面当成了一次买卖关系的会面。

但如果销售人员能够以客户的思维方式，站在客户的角度来表达来意，将会获得不一样的效果。"先生，您好。我觉得我的公司在某些方面能给予您一些帮助。据我了解，目前贵公司在发展方面面临一些棘手的问题和严峻的挑战，所以我希望提出几个问题，以便更好地了解你们所面临的特殊处境。您认为这可行吗？"显然，这种表达方式更能让客户感觉到销售人员完全是为客户的发展着想，是在为客户服务，而不是在纯粹地推销自己的产品。

对于销售人员来讲，这很可能是一场对话形式的会面，而不是销售产品的会面。但正是这种为客户服务的会面能够从心底打动客户，让客户觉得销售人员是他的"自己人"、是他的参谋，在发现有产品需要的时候，客户自然会认为这样的销售人员是最了解他的人，进而愿意与其达成交易。

3.多说"我们"，少说"我"和"你"

汉语是博大精深的语言，从词汇意思来看，"我们"是一个非常具有同性的词语，让人听后感觉非常亲切，感觉说话者与自己是站在同一个利益点上。这个词汇往往代表的是将两人或多人捆绑在一起，属于同一阵营。而"你""我"与"我们"之间的差别在于，"你""我"是以单个个体的形式出现的，具有很明显的区分意味，让人听后不免有一种对立感。人与人之间沟通，最主要的方式就是用语言缩短彼此之间的距离，而"我们"一词显然能将个体捆绑在一起，将人与人彼此之间的距离缩减到很小。

　　所谓"说者无心，听者有意"，做销售更需要注意这一点。当与客户沟通的时候，用"我们"可以快速建立起一种共患难、共同面对问题、共同解决困难的情感。多说"我们"，少说"你""我"，可以有效提升销售人员在客户心中的"自己人"形象，对后续开展销售工作大有裨益。

第2章
用专业的话语消除客户疑虑

在销售过程中，客户总会有这样那样的疑虑。他们担心的问题可能是客观存在的，也可能是客户的心理作用虚构产生的。但无论出于什么原因，销售人员都应当认真对待。专业的处理方式、专业的话语可以让客户安心，进而缓解甚至消除其内心的疑虑，最终使其摆脱犹豫不决的矛盾心理，快速做出购买决策。

客户喜欢能够为自己"对症下药"解决痛楚的人

一位美国心理学家曾经做过这样一个实验：

心理学家在给某所大学的学生上课时，向学生们介绍了一位从外校专门请来的德语教师，说这位德语教师是从德国回来的著名化学家，他还有很多著名的学术研究和科学发明，在化学界是非常有名的，这次他能应邀来学校，对于学生们来讲是一次非常难得的机会。于是大家都热烈鼓掌表示欢迎。

在课堂上，这位"化学家"煞有介事地拿出了一个装有蒸馏水的瓶子。他郑重其事地告诉学生，里边装的是他精心研究并发明的一种新的化学物质，有一种特殊的气味，并邀请同学们走上讲台闻一闻。当这轮互动结束之后，这位"化学家"让闻到了特殊气味的同学举手，结果多数学生的手都举了起来。而实际上，这位"化学家"只是一名教德语的教师而已，所谓有"特殊气味"的新物质只是无色无味的蒸馏水。

出现这样的结果实在令人惊讶，为什么明明是无色无味的蒸馏水却被多数学生闻出了味道？关键就在于大家都相信这位"化学家"的权威性，学生们对于这种权威性深信不疑，从而误认为蒸馏水就是一种全新的化学物质。

这个实验说明，绝大多数人对于权威专家所说的话是很少质疑的，因为人们认为权威性的东西是很少出错的。这也是大多数人信任权威专家的原因，有了权威专家的认可，就相当于产品有了安全保障，提升了产品的安全系数。

如果销售人员能够成为客户心中的"专家级"人物，并能够为客户的各种"疑难杂症""对症下药"，那么客户必定对销售人员的"治疗"深信不疑，也必定对其越发有好感，愿意和其做朋友。对销售人员自身而言，如果能成为"专家级"人物，轻松搞定客户就不再是难事了，销售业绩的提升自然是自然而然的事情。

俗话说，"欲成天下之大事，须夺天下之人心"，"成事"的关键部分就是抓住对方的痛点。每个人都或多或少有痛点，如果能够抓住对方的痛点，并充分利用自己的专业性特点，掌握主动，帮其解决痛点，则可以攻无不克，战无不胜。

小赵是一位新妈妈，有位朋友向她推荐了一家非常不错的母婴用品专卖店，于是她打算到这家店里买些宝宝穿的衣服。刚走进店内，店员就热情地上前招呼："欢迎光临，请问有什么可以帮您？"小赵随意回答道："没有，我先随便看一下。"此时店员看到小赵在摆满宝宝衣服的货架旁边驻足，于是开始套近乎："您家宝宝几个月了？我家宝宝刚刚六个月。"这时，小赵像找到了同道中人一般，于是抬头看着店员说："巧了，我家的也是刚六个月多几天。"店员趁机问道："您是专门给宝宝买小衣服的吧？"小赵回答道："是啊，上次她姥姥买的衣服买成了男婴装，我今天特意过来买个女宝宝装。"店员一听小赵的话，灵机一动："女宝宝好啊！我家也是女宝宝，是贴心小棉袄。您看这几件衣服，我家宝宝就在穿。宝宝皮肤娇嫩，最适合纯天然、棉质类服装，这类衣服对宝宝皮肤不会有任何刺激。我们店里的宝宝服装全都是经过严格检验筛查的，您看商标上边的产品成分就能发现都是纯天然的，宝宝穿了舒适、吸湿。那些羊毛、化纤、尼龙等材质的衣服，化纤成分穿在宝宝身上容易发生摩擦而产生静电，这些静电在人体周围可产生大量阳离子，它会刺激皮肤，使人体皮肤的水分减少，皮屑增多，会引起皮肤瘙痒。"小赵回答道："嗯，这个我知道些。"

接着，店员又说："我也是查阅很多资料后才知道的，并不是所有的棉质都适合宝宝。"小赵一脸惊讶："是吗？""嗯，是的。棉质也分为很多种，有全棉、纯棉、精梳棉、针织棉等。从表面上看，精梳棉和普通棉是没有区别的，无论材质还是手感都看不出有什么不同，但精梳棉表面光滑、平整，没有棉结，并且质感、耐洗度、变形度和耐穿度较普通棉都高出了许多，更加适合宝宝娇嫩的皮肤。"这时小赵用非常急切的眼神看着店员："我怎么才能区分哪种是精梳棉，哪种是纯棉呢？""其实辨别的时候也很简单。在选择的时候可根据'观看'与'触摸'两种方法鉴别普通纯棉和精梳棉。前者的做法，是将单层棉布放在手上，以灯光照射后透视，精梳棉由于非常紧实，在透光后看不到手影；反之，普通棉布由于织数不够高，手的轮廓便隐约可见。至于以触摸方式分辨，则是实际感受棉布的质感是否柔软、坚实。"此时，小赵一脸的崇拜和感激："妹妹，你知道的知识真多，今天也让我学到了很多。你来帮我挑两套，我信得过你。"小赵十分开心地在店里学到了以前并不懂的知识，还买下了店员帮她选好的两件衣服，欣然离开了。自此之后，小赵经常向她的朋友传授这些知识，也经常推荐有宝宝的朋友来这家店购买婴儿用品。

可见，这位店员在与客户交谈的过程中，善于捕捉客户的表情，也善于察言观色。店员通过表情和神色来分析客户对"宝宝棉布衣服选择知识"的欠缺的痛点，从这一点出发，充分发挥自己的聪明才智，调配自己掌握的相关知识，以此来吸引客户的关注，进而激起客户了解这方面知识的急切心情。此时，她已经通过"对症下药"解决了客户的痛点，客户也就"上钩"了。

所以，销售人员只有在与客户攀谈的过程中掌握其痛点，才能运用自己丰富的专业知识为其定制良方，这类极具专业水准的销售人员正是广大客户的最爱。

像专家一样说话，你就是客户眼中的专家

大多数人都会认为专家说的话是非常科学的、是具有高含金量的，因此对于专家的话往往深信不疑。聪明的销售人员往往不是把所有的注意力都放在销售产品上，更多考虑的是如何利用自己已有的知识去成功说服客户，成为客户眼中的专家。

这里所谓的专家并不是说理论上要能够达到高深莫测的境界，对于销售人员来讲，能够熟练掌握和展开完整的销售流程，能够突破客户的心理障碍，就已经在客户心中成了一个让他们油然崇拜和景仰的专家。这样的销售人员能够更加容易地说服客户，而且还会通过老客户带来更多的新客户。

销售人员在专业性方面首先要具备四个关键点，即产品知识要学精、学会说话和聊天、学会察言观色、学会适时切入。这也是销售人员能够成为客户眼中的专家、能够取得客户信任的关键。在销售过程中，销售人员要想成为客户眼中的专家，就要在与客户沟通的过程中能够像专家一样说话，这种方式最直接也最高效。

1.说话的过程中要学会引用

专家级的人物在与人交谈的过程中必定擅长引经据典、能够借用名

人名言、能够巧用经典案例，这样才能给客户一种交谈流畅自如的感觉，进而引起客户的兴趣。在凸显你知识渊博的同时，更能显示出你所具有的专业水准。

萧离是一位保健品销售人员，起初刚从学校毕业涉足销售领域时，萧离表现得"水土不服"，对于销售的流程、技巧、话术等没有任何经验，因此做起来非常吃力。但是萧离有干一行爱一行、不成功不放弃的韧劲，在到处碰壁的情况下依然能够坚持进行经验和教训的总结，同时也会经常从同事那里"取经"。即便是休息的时候，他也利用好每一分每一秒全身心投入销售学习中。

有一次，萧离在家轮休，突然对产品说明书上的某一成分特别感兴趣，于是就上网搜索。他发现这一成分是自己推销产品中的核心营养元素，对人体健康大有裨益。第二天在向一位大妈推荐产品的时候，萧离想到了头一天搜索的产品成分，于是变换了以往的推销方式，用一种专家式的口吻向客户介绍自己的产品，并逐条列出与同类产品相比自己推销的产品对人体健康保障的优势，还引用了某位专家在电视访谈节目中专门对产品中某一成分的重点推荐，展示了相关权威机构颁发的证书。大妈一听这小伙子的说话口吻这么充满自信，同时还有专家推荐和证书，心想他推荐的产品一定不错，于是就抱着试一试的心理先买一个疗程。半个月后，大妈发现自己失眠、多梦的症状调理得不错，与此前大有改观，于是联系萧离又买了两个疗程，还推荐身边的老年朋友也来购买。

2.说话的过程中要分条列出你的观点

说话有条理，别人听到或看到时就会先入为主地认为你的判断能力强，论述有逻辑性和系统性。在与客户交谈时，长篇大论是很多销售人员惯用的方式，也是造成客户见到销售人员就反感并且避而远之的重要原因之一。而条理清晰的表达方式能将重点意思浓缩成精简的几句话甚至一句话，恰如其分地表达出关键意思。这种有条理的交谈方式往往令客户拍案叫绝、印象深刻。当你用"第一""第二""第三"这样的形式去论述你的观点时，能让客户逐条领会关键点，效果要好过长篇大论。而这样的能力往往是专家级别的人物才具备的，如果你能做到，你就会成为客户眼中的专家。

3.说话过程中要语气平和

人们都觉得专家是非常有涵养、有知识的人，这类人必定是言行、举止都温文尔雅的。所以，要成为客户眼中的专家，就必须在与客户交谈时做到像专家一样语气平和。如果你话语浮躁，用语过于激进，那无异于自损形象。

小凡在销售行业摸爬滚打多年，积累了不少成功的销售经验和技巧，在产品销售行业也被誉为专家级人物。但是，最近小凡因为家庭琐事烦恼不堪，情绪上常有不小的波动，好几次在与客户交谈的过程中跟客户闹翻了，而且说话过于偏激。有不少新客户是之前关系非常要好的老客户推荐过来的，小凡近期的言行不仅伤害了新客户，更让之前的老客户损失不少，可谓"折了半壁江山"。

4.说话要掷地有声，充满自信

销售人员在与客户沟通的过程中保持自信也是十分重要的。客户如果从销售人员的语气中能感受到他缺乏自信，那么即便销售人员对内容讲得再专业，也不能不让客户对其所说的内容的真实性表示质疑。相反，如果你能在推销产品的时候用专家的表达方式配上自信的言谈举止，势必会让客户感觉到这位销售人员的自信如此强大，想必他所言非虚，并没有夸大其词。这样客户才能打消疑虑，放心购买你的产品，销售的成功率也就得到了提升。

能够在客户眼中建立专家级形象是非常不易的，这需要销售人员在与客户交谈的过程中善于经营自己的语言表达技巧，提升专业表达能力。

专业的语言大众化，听得懂才更接地气

如今，随着网络技术的不断普及，基于对网络技术的应用，消费者对产品的认知度也有了很大程度的提升。他们对是否购买产品、产品是否物有所值的判断能力也越来越高。他们在购买产品之前往往会做很多前期功课去了解产品，并进行同类产品的优缺点对比，力求买到理想型产品。

面对这样的现状，销售人员的工作也越来越难开展。销售人员需要比客户具备更加专业性的知识和技能才能赶超客户，进而拿下客户，否则在市场竞争中是毫无胜算可言的。

用专业的语言与客户沟通已成为销售人员的一项必备技能，然而并不是那些难懂的、晦涩的语言才更能凸显自己的专业性。难懂晦涩的语言虽然能让客户产生一种深奥的感觉，但客户也会因为听不懂而觉得你是一个喜欢卖弄、不"说人话"的人，这样反而拉开了自己与客户之间的距离，更不利于售卖产品。

那么如何才能在与客户沟通时既能保持专业化水准，又能让客户"听得懂"呢？

1.用大众化语言表达专业化内容

消费者往往对产品的了解并不精专，他们并不精通专业术语所表达的意思。所以，销售人员在向客户介绍产品的时候一定要注意用符合语言表达习惯的方式来表达专业化内容。销售人员的语言如果能做到通俗化、大众化，讲解中避免使用冷僻及过于专业化的术语，这样就既能保证客户听得懂，又能让客户感觉你的讲解很接地气。

　　鲍磊是一家国际装潢公司的采购员，一天他去采购一批装潢材料。在采购的过程中，他向一位销售窗框的销售人员询问产品和价格，并且特别说明采购量巨大，对采购质量提出了一些要求。

　　这位销售人员思考了一会儿，对鲍磊说："我们可以为您提供前阵子一家大型装潢公司所购买的那种门框，就是FBI。"

　　鲍磊不解地问："FBI是什么意思？美国联邦调查局？"

　　销售人员回答："不是，是我们的一种门框产品。"

　　鲍磊又带着满脸的疑问说道："你说的FBI究竟是什么材质？木质窗？塑钢窗？断桥铝窗？"

　　"如果您需要金属的，那我为您推荐我们的ABS。"

　　"ABS？ABS不是树脂材料吗？"鲍磊显然已经有些恼怒了。这样的交谈实在让他费神又费心，询问了半天却不知道销售人员究竟指的是什么材质的窗框。

　　正当销售人员要开口的时候，鲍磊打断了他，说道："小伙子，我想要知道的是什么材质的产品，它的卖价是多少、质量如何，而不是在这里听你喋喋不休地说一些我根本听不懂的话。"

　　销售人员回答说："我跟您说的是我们的产品编号。"

　　鲍磊虽然知道这家材料批发厂商产品质量很过关，但是他实在是无法继续这样的沟通，于是选择了放弃，到另一家品质非常不错的厂商那里达成了交易。显然，这位销售人员没有用大众化的语言表达专业化的内容，错失了一个大单。

2.用生动形象的方式来表达专业化内容

没有人拒绝惟妙惟肖、生动有趣的内容，而且这样的表达可以更容易地吸引别人的注意力。晦涩、深奥的专业词汇往往给人一种遥不可及的感觉，一般人是不愿意花费很多的时间和精力去探究的。销售人员作为产品与客户连接的桥梁，一方面要将产品精髓转换为自己的语言，另一方面又需要将这种语言转化为更加生动形象、妙趣横生的表达方式，再将产品信息传递给客户。这对于销售人员来讲，的确是一件极具挑战和考验的事情。

国外研究资料表明：文字、图像能够引起人们注意力的百分比分别是22%和78%。所以，在向客户介绍产品的时候，销售人员如果能配以相应的图像，就可以让你的产品介绍方式更加生动活泼、新颖独特，客户对于产品则会了解得更加透彻。

3.语言流畅、上口、易记

用大众化的语言表达专业性的内容并不意味着语言枯燥和单调，虽然我们所讲的内容是专业的，但表达方式却可以是因人而异的。或流畅优美，或朗朗上口，或极易识别、记忆、传播，这些都需要销售人员自己把握。

用权威数据说话，更具说服力

如今的市场竞争日益激烈，几乎达到了白热化的程度，同类产品越来越多，价格和销量却一直在下滑。如何提升销售业绩是每位销售人员一直思考的问题。在销售过程中，数据是最有话语权的，如果你能摆出有说服力的数据，比你苦口婆心地乞求客户购买产品更加来得实在。因为数据本身就具有精准性、权威性和专业性，将这样的数据摆在客户面前更加具有说服力。所以，数据的力量在销售过程中的应用是不可忽视的。

在用权威数据说服客户的时候，销售人员应当做到以下几点：

1.能准确地赢得客户的信赖

很多时候，销售人员已经实事求是地将产品信息传达给了客户，但客户似乎并没有对其产生一丝信任。自己已经在客户面前全部坦白了，为何客户依然不能完全放下内心的疑虑呢？面对这样的情况，销售人员往往反复强调产品的优势，以求客户对产品产生好感，但实际上这样做依然无济于事。

事实上，如果销售人员善于用数据说话，就可以很好地消除客户疑虑。因为数据往往更加具有直观性和客观性，比起销售人员向客户反复强调产品优势，用一组与竞品对比获得的数据更能一目了然地说明问题，更能让客户信服。

话术一："实验证明，我们公司的产品是同类产品中的精品，质量上乘，保证无质量问题。"

话术二："实验证明，我们公司的产品是同类产品中的精品，市场上同类产品的使用寿命在4万~4.5万个小时，而我们的产品可以连续使用5万个小时，因此质量上乘，保证无质量问题。"

显然话术一只是一个笼统的产品信息介绍，客户听后依旧对产品质量问题不清不楚。而话术二则摆出数据，用对比的形式，通过数据突出自有产品的质量是同行业竞品中的精品。这样的数据论断可以让客户更加直观地看到产品的优势和差距，从而更能让客户相信你说的话。

在使用权威数据和客户沟通的时候，销售人员还应当注意以下几点：

（1）要保证数据的真实性、可靠性、准确性。销售人员运用数据说明产品优势的目的，就是为了能够引起客户的重视和关注，进而获得客户的信赖。如果你的数据来源并不可靠，并不具备准确性，那么一旦客户经过搜索或查阅这一问题发现结果与你说的有出入，他就会认定这是对消费者的欺骗。数据失真损失的并不是眼前的这一单生意，更重要的是有损企业的形象和信誉。企业的形象和信誉受损所造成的影响是十分恶劣的，这会让企业很难在市场中立足。因此，一定要保证数据的真实性和可靠性，最好不要用模模糊糊的约数来应付客户。

（2）数据来源应出自权威机构或意见领袖。销售人员最好选择一些影响力较大的人物给出的数据，或者某些重大事件说明中提供的数据，这样的数据更具有说服力，更容易在客户脑海中形成深刻的记忆。

"您看我们这款化妆品，某明星从2011年就开始使用这款产品了，并为我们做代言。到目前为止，她已经和我们建立了将近七年的合作关系了。"

"我们这是2008年奥运会指定产品，开奥运会那年组委会就向我们订购了856120箱产品。"

2.罗列数据之余要多运用修饰语

如果利用数据时只罗列一堆数字呈现在客户面前，不但会让客户感觉单调，还会给客户造成眼花缭乱的感觉。这样难免会让客户觉得销售人员是在故意卖弄，为了罗列而罗列。销售人员在使用准确的数据与客户沟通的时候，为了加深对客户的印象、达到预期的销售目标，在罗列数据时多运用一些修饰语，则会给数据增色不少。但需要注意的是，运用修饰语的时候切忌词语过于华丽，否则不但不会向客户表明你的口才和才华出众，还会给客户留下一种华而不实的不良印象。

总而言之，一个善于掌控销售技巧的销售高手应当善于搜寻更加具有权威性和专业性的数据，并且能在适当的时机用适当的数据证明产品品质，博得客户的信赖。

第3章
用真诚的话打动客户，用真情换来销量

人与人之间的交流是靠真诚来维系的。如果话语中不带有一丝真诚，又何以说服别人继续听下去呢？做销售需要足够的真诚才能打动客户，用真情唤起客户购买的欲望，这样你的销售业绩才有不断提升的可能。

好的销售员都是情商高手

传统观念认为，销售业绩的高低是销售员是否优秀的评判标准。然而，如今是信息化时代，同业、异业竞争异常激烈，很多客户也有非常独立的购买思考能力和判断能力。他们已经不再像过去那样被企业产品牵着鼻子走，而是变得越来越有主见，能够清晰地辨别和判断哪些是适合自己的产品。他们不需要销售人员一味地去推销就可以很快洞察到当前的潮流和趋势。在这样的环境下，销售人员怎样做才能保证销量，如何才能抓住客户的心，如何才能在同行竞争中领先于人？"情商"是最好的答案。

可以说，一个好的销售人员就是一个情商高手。在销售过程中，销售人员95%的时间是用来和客户谈感情的，而只有5%的时间是用来和客户谈销售的。如果能够在这95%的时间里保质保量地攻陷客户的内心，那么剩下的5%的时间你将轻而易举地拿下订单。

攻陷客户的内心就需要销售人员付出真情，用真情待人比什么都重要。

张慧是今年刚刚毕业的大学生。在初次加入销售行业的时候，张慧并不算是最聪明的，甚至看上去有点木讷，经常在跟客户攀谈的时候"卡壳"。为此销售经理也非常头疼，问道："我是你的客户，你能告诉我让我购买的理由吗？"张慧默不作声，只是瞪着两只大眼睛。在销售经理眼中，张慧是一个"没有销售悟性的孩子"，因而对她很失望。然而出乎所有人意料的是，张慧连续两个月都是团队里的销售冠军。所有同事都对张慧能够取得如此好的成绩表示不解："张慧怎么会有这样的好成绩呢？"答案就是真诚。这是销售经理研究了她的销售过程之后给出的答案。

有一件事情让销售经理和同事对张慧改变了最初的看法。一天，一位顾客走进店里，看到有一堆鞋子上标着"超级特价，只付一折即可穿回家"。客户拎起一双红色的鞋子看了看，简直不敢相信原价300元的鞋子现在只要30元。她试了试，觉得这双鞋皮质轻软，走起路来很舒适，简直完美无瑕。于是，她招呼店员。此时，张慧走了过来，顾客告知张慧打算买下这双鞋，然而张慧却非常诚恳地对这位顾客说："既然您这么中意而且打算买，我一定要跟您说明一下，把真实的情况告诉您。"于是张慧将顾客请到一个角落里，认真地告诉顾客："谢谢您购买我们的产品，不过，非常抱歉，我必须让您明白，这两只鞋可能是因为销售员或顾客弄错了，各拿走了一只，所以剩下的左右两只正好凑成了一双。但是这一双鞋的皮质、码数是相同的，您尽可以放心。不同的是在色泽上稍微有一点差异，如果不仔细看是不会发现的。我们不能欺瞒客户，免得您回去以后发现了真相会后悔和责怪我们。"顾客听了这番真挚的话之后被感动了，被张慧的真诚所折服，拉着张慧的手说了声"谢谢"，她不但买走了这两只鞋，还买了两双其他款式的鞋子。

所以，用真情和真诚对待别人，必然能够换来别人的真情和真诚。正如富兰克林所说的一句话："人与人之间的相互关系中，对人生的幸福最重要的，莫过于真实、诚意和廉洁。"真正优秀的销售人员是懂得真情的价值的。道理虽然简单，却又有几个人能真正做到？许多销售人员在面对客户的时候，认为真情付出是一种不精明的做法，其实这样的想法是错误的。

好的销售员一定是一个善于借用语言艺术的情商高手。

1.话语中富有真情

富有真情的语言定能转化为一种情感传递给客户。而这种富有真情的话语不仅是遣词造句带有真情，还需要注重语速、音调的配合。如果语速太快，客户可能听不清楚、听不明白，自然就很难理解你传达的信息；如果音调怪里怪气，必然带给客户一种不被尊重的感觉。

2.话语中带有温情

没有人喜欢冷漠的态度和言语。在跟客户交谈的过程中，切忌用一张冰冷的脸和没有任何情感的话语面对客户，否则很容易让客户流失。温情的话语能够温暖客户的心，让客户产生好感，有助于促进交易的达成，销量的提升。

3.话语中饱含谢意和歉意

你所流露出来的情感客户不仅能看得见，而且能"听得见"；不仅表现在你的面部表情上，而且隐藏在你的话语当中。在向客户表示感谢和歉意的时候一定要谦卑有礼、不卑不亢，否则你的感谢和歉意在客户看来可能会变味。轻松愉快的声音和节奏犹如银铃般悦耳，给人以快乐，即便是表达歉意也能让人欣然接受；勉为其难地说出"谢谢"和"抱歉"，会让对方认为你在惺惺作态，没有丝毫诚意，不带感情的感谢和歉意反而很难让人接受。

用真诚的语言满足客户的情感需求

　　国外曾有一位学者做过一个试验。他列举出555个用来描绘人的品质的词语，让参与者从其中选出自己喜欢的词语，并让参与者说出他选择这个词的原因和喜欢程度。让人吃惊的是，在这些被选出的词语当中，排名前八位的词分别是：真诚、诚实、理解、忠诚、真实、可信、理智、可靠。更重要的是，其中有六个词都与"诚"字有关，并且选择"真诚"的次数排首位，可见"真诚"在人们心中的重要性，人与人之间的交往都是建立在真诚的基础上的。

　　真诚、诚实是一个人高尚品质的表现，是人与人之间能够持续交往的重要保障。只有诚实守信的人才能得到他人的信任，才能取得事业的成功。可以说，真诚待人比什么都重要，做销售、与客户交流更是如此。

　　路边新开了一家水果店，店里人满为患，顾客在收银台前排起了长长的一队。李娜下班正好路过这里，看到这家新开的水果店生意火爆，于是打算进去转转。李娜一进店就被转角的榴莲所吸引，因为价格相对其他店里便宜很多，因此她打算挑选一个。这时，热情的营业员走上前来，微笑着说道："您好，今天的熟榴莲已经卖光了。这边的榴莲还比较生，您买回去要过好几天才能吃，现在我们还无法判断榴莲熟了之后甜不甜，所以建议您考虑后再购买，或者等明天新鲜的榴莲到了再来买。"李娜瞬间被这位字字带着真诚的小姑娘打动了。从来都只有销售员劝顾客购买东西的，这还是头一回遇到建议顾客考虑后再买的。看着店里新鲜的水果，想到店家以顾客利益为出发点、用真诚的语言满足顾客情感需求的营销方式，李娜也明白这家店生意火爆的原因了。

用真诚的语言对待客户，可以让客户在每一个细节之处体会到你的温情，这样可以为你赢得良好的口碑，会让新客户自动加入到忠实客户的行列当中。所以，在与客户面对面交流的过程中，可以用真诚的语言打动客户，用真情来换取销量。

1.注意语气不能生硬

销售过程中，尤其是在电话销售的过程中，客户只能通过你的语言来了解你的产品和服务，通过你的语气来感受你的真诚。所以，无论是面对面与客户交谈还是电话销售，销售人员都应当注意语气不能生硬。因为你说话的语气能否让客户感受到你的真诚，直接关乎销售的成败。

当前市场是一个客户为主导的市场，一切销售活动都是围绕让客户买得开心、买得放心、用得安心为原则进行的。很多客户往往以高姿态与销售人员交谈，却希望销售人员能够以低姿态与他们交谈。这种情况下，如果你说话语气生硬势必会让客户产生不满情绪，客户不开心自然就不再有继续和你交谈的意愿，这就意味着你的这次销售在最初的交谈过程中就以失败而告终了。

2.语气不要过于夸张

语气夸张的人往往不能给人带来信赖感。销售人员在与客户交谈的过程中，如果语气过于夸张，客户会认为你是一个喜欢夸大其词、不切实际的人，因此对你的人品和诚意产生怀疑，进而怀疑你的产品品质。在这样的疑虑下，客户是不会快速做出购买决策的，极大地降低了成交概率。所以，销售人员在与客户交谈的过程中切勿大吹大擂，一定要语气谦和、委婉，让对方从你的语气中感受到你的真诚。

当然，销售人员除了语言带有真诚感，还应当充分利用面部表情和眼神来辅助和传递话语中的真诚，让你的真诚的语言在销售中发挥更大的作用。要知道，在交流的过程中，一个饱含真诚的眼神、一个富有真诚的表情往往会胜过千言万语。试想，如果你语言精辟、极为煽情，但表情僵硬，也是很难让客户真正感受到你内心的真诚的。

当前，随着市场的不断开放和竞争的日益激烈，销售人员的冷面孔越来越少，服务态度和水平整体提升到一个新高度。然而，这一切都是建立在"真诚"的基础上的。真诚对待客户才能让客户感觉到世界不再冷漠，真正满足了客户的情感需求。否则一味唯利是图，谈吐中会透露出不负责任的心态，这样无异于杀鸡取卵，是很难留住客户的，更难以维护与客户之间的长久关系。

袒露自我，成为客户信赖的朋友

通常，人们会用相互之间的信息分享量作为彼此之间关系远近的衡量标尺。一些人为了表现与他人的关系熟稔，会引以为傲地声称："我们之间没有任何秘密。"从某种程度上来说，袒露自我是组成人际互动关系的质与量的一部分。

从人际信息互动的观点着眼，可以将自我划分为不同的区域，包括开放区、盲目区、私密区和未知区。开放区代表所有有关自我的认知，可以涉足有关自我的方方面面；盲目区代表对自我认知不清楚的信息，显然，一个人的盲目区越大，在人际交往中越处于劣势地位；私密区代表自己知道而别人不知道的信息；未知区意味着人人都不知道的信息。当然，只要遇到一定的机缘巧合，其他三个区域都是可以向开放区转变的。

作为销售人员，销售产品是最终目标，建立良好的人际关系却是实现销售目标的必备过程和前提。既然袒露自我如此重要，那么销售人员的首要任务就是主动向客户扩大自我开放区，让客户走进你的内心。因为只有你率先袒露自我，客户才能洞察到你的想法，并因为你的真诚而感动，进而主动向你敞开心扉，成为可以信赖的朋友。

那么，销售人员在交谈的过程中如何做到袒露自我，并进一步成为客户的朋友呢？

1.实事求是地澄清产品情况和自我出发点

有时候，在与他人交流的时候，可以表明你的态度、意见、想法、信念和感觉，这种"把问题说出来"的情况也可以发生在销售的过程中。销售人员通过实事求是地表达出自己售卖产品的情况，并表明只是为了给客户带来生活上的便利、给客户带来更多的价值，来澄清自己的出发点是站在客户的立场上，为客户解决痛点问题。自然，客户会对你的这种自我袒露感恩戴德，愿意成为你的朋友，愿意与你交心，并说出自己的痛点。

松下公司作为日本的一家跨国公司，在全世界设有几百家分公司，并跻身世界500强企业。松下在创业之初，同样也遇到过这样那样的问题。起初，松下公司的产品质量并不是一流的，也不存在价格优势，因此松下电器的销量十分有限。即便如此，松下电器的创始人松下幸之助也并没有气馁，而是把眼光放在了各地的代理商身上，希望借助他们的力量为自己打开销售渠道。

之后，松下幸之助把代理商召集在一起，向他们坦言道："这款产品是我们经过多年时间才研发出来的，凝结了我们很多心血。虽然这款产品目前还算不上一流产品，但我希望各位以一流的产品价格来我们公司订购这款产品。"

此时，代理商们炸开了锅："为什么明知道自己的产品并不是一流的，还要我们用一流的价格跟他订购产品？岂不是荒唐！"松下幸之助看到诸位对此很不满，继续说道："各位都是明白人，如今灯泡行业全国只有一家公司的产品称得上一流，因此垄断了市场，价格即便上升，消费者也没办法。但如果灯泡行业有一款可以跟这家公司相匹敌的产品，并且无论产品质量还是价格都能够与之媲美，这对所有消费者来说是一件好事。否则对于你们代理商而言，如果都按照全国一流灯泡的价格去购进，然后再销售出去，你们的利润不就减少了不少吗？"

听到这里，大家连连点头表示赞同。松下幸之助又说："虽然目前我们刚成立，财力有限，没有更多的资金去改造和提升产品，但大家如果能够以一流的价格购买我们的产品，我们筹到资金，就可以进行产品升级改造。相信不久后，我们的产品就能与全世界一流的产品相抗衡。到时候，你们所获得的利润将会更大。"

松下幸之助能够直言不讳，说出自己公司、产品的现状，此举获得了代理商的认可，并巧妙地为代理商描绘出美好的未来，作为诱饵，吸引代理商为其开疆扩土，最终取得了惊人的销售业绩。

2.对客户的安全做出承诺

客户面对销售人员的第一反应就是避而远之。之所以客户会有这样的反应，是因为他们条件反射地带有自我安全保护意识，并且这条心理防线是很难攻克的。但如果销售人员能够袒露自我，率先向客户表明诚意，并对客户的安全进行承诺，就能让客户放下心中的芥蒂，敢于说出自己的真实需求。

那么销售人员究竟应该什么时候向客户袒露自我？袒露多少内容最为适宜？要想清楚地回答这些问题，并不是一件容易的事情。销售人员可以问自己以下几个问题，从而做出合理的决定。

1.这个人对你而言是重要客户吗？

客户分为重要客户和非重要客户，这完全取决于他对销售人员的贡献价值。如果他是你非常重要的客户，那么他所贡献的价值对你提升销售业绩来讲具有十分重要的意义，如果能"钓"到这条"大鱼"对你则是一大幸事。价值客户是重要客户，是需要你建立稳固人际关系的对象。对于这类客户，你需要更加上心，需要对他们投入更多的个人情怀去袒露自我。

2.袒露的量与方式合适吗？

分享个人信息太多太快并不是一件好事，相反这在商业丛林中会是一种非常冒险的行为。销售人员可以采取渐进模式袒露自我，在交流的初级阶段大多数的信息都是流于肤浅层面的，当双方进入情感强化阶段、整合阶段或结合阶段的时候，自我袒露的比率也应当随之增加。

3.袒露的风险合理吗？

过多地袒露自我会让客户摸清你的底线，导致潜在风险出现。比如你在和客户袒露自我的时候，对于价格问题袒露过多反而会让客户扼住了你的"咽喉"，不利于你议价，可能会减少利润。

所以，不是说你的商业机密和你的真实态度、想法不能泄露于客户，而是要掌握好"度"。在适当的时机适当地袒露自我，可以获得客户的信任，使双方进一步达成合作。

没有真挚的关怀就没有良好的客户关系

在这个日益冷漠的时代，人情味日益淡化，这让越来越多的人开始走上情感回归的道路。他们渴望获得亲情、友情，希望能够得到更多人的关注和关怀。真挚的关怀是拉近客户与销售人员心与心的距离的纽带，唤起了销售人员与客户之间的人情味，帮助销售人员建立起良好的客户关系，这将会使销售活动更加容易展开。

实际上，这种用真挚的关怀换取的良好客户关系的方式是一种间接的通过情感投资获得客户货币投资的方式。

通常，在每家药店的收银台前几乎都能看到创可贴。人们之所以买创可贴，是因为它随身携带方便、经济实惠、使用简单，因此很多人都会误认为创可贴等于万能贴。不论什么伤口，人们都喜欢用创可贴解决。小赵有一次去药店问销售员有没有创可贴，销售人员并没有直接回答"有"还是"没有"，而是反过来问了小赵一句："伤口是什么样的？"小赵被销售员这么一问愣了一下，接着这位销售人员解释道："创可贴具有止血、护创作用，但本身没有消炎作用，不适用于所有的创伤。一般情况下，创可贴主要用于一些小而浅的伤口，尤其适用于切口整齐、清洁、出血不多而又不需要缝合的切割伤，如刀切伤、割伤、玻璃划伤等。但是对于伤口有异物、出现感染、化脓的情况就不适合使用，或者对狗、猫、蛇等咬伤也不管用，再有就是带有锈蚀或灰尘的金属割伤很容易形成破伤风，是需要及时就医的，创可贴起不到杀菌消毒的作用。创可贴只能在伤口处理干净并快要愈合的时候使用。"起初，小赵听了觉得这位销售人员实在是啰唆，但是又想到朋友是被带铁锈的刀划伤的，就感激地对这位销售人员说："哎呀，还好你提醒了我，我朋友就是被带铁锈的刀划伤的，那我先赶紧带他去医院了。先从你这里拿两盒邦迪。谢谢你的提醒。"

事实上，小赵之所以感谢这位销售人员，不光是这位销售人员的真挚关怀和热心提醒，这让小赵觉得这位销售人员比起其他只顾销量、随便丢给顾客一盒创可贴的销售人员更加有责任心，从而对其产生了高度的信任。销售人员与顾客之间建立起良好的客户关系，这样就不愁顾客以后买药不来店里了。

在与客户交谈时，真挚的关怀是销售人员必备的素质之一，也是销售人员成功换来销量的基础。在这一点上，全球有很多著名的销售人员都已经做出了很好的表率。他们在销售的过程中会用真挚的话语关怀每一位客户，让不少客户为此而感激不已，甚至成为他们最亲密的朋友。比如美国著名的汽车销售大王乔·吉拉德、日本著名的保险销售大王原一平都是典型的代表，他们在销售的过程中都善于运用关怀的语言与客户保持良好的、持久的客户关系。

那么，究竟如何才能用关怀的话语与客户之间维护良好的关系呢？

1.关怀的话语中带着对客户的尊重

乔·吉拉德曾说过这样一段话："我们的客户也是有血有肉的人，也是一样有感情的，他也有受到尊重的需要。因此，销售员如果一心只想着增加销售额、赚取销售利润，冷漠地对待客户，那么很抱歉，成交免谈。"乔·吉拉德说的这段话并不是毫无根据的。美国著名的心理学家马斯洛认为："人有受到他人尊重的需要。"所以每位客户都希望能够得到别人的尊重和认可，这是毫无疑问的。销售人员将客户奉为"上帝"，首先就要在和你的"上帝"交流的过程中表现出足够的尊重，这才是你赢得客户芳心的前提。

2.关怀的话语中带着亲情

如果销售人员能将客户视为亲人来对待，就会从心底里打动客户，让客户真真切切地体会到这份难得的真情，并愿意与你长期维持这种难能可贵的情感，这对于你的销售工作来讲将是百利而无一害的。

3.关怀的话语中饱含了对客户的建议

既然是通过语言的方式表达你对客户真挚的关怀，除了嘘寒问暖，还应当有实实在在的帮助，这才能让你的关怀显得更加真挚。销售人员为客户提出一些有帮助的建议，可以让客户感觉到你完全是站在他的立场上为他解决问题的。在这种全心全意的关怀中，客户会为此而感动不已，更愿意与你建立良好的客户关系。

其实，销售人员与客户之间并不是利益敌对关系，而是一种互利互惠关系。如果你在为客户提供一些清楚的产品介绍和周到的服务之外，还能给予其真挚的关怀，客户与你的心之间的距离就会近在咫尺，客户才会去信任你，你的生意才能越做越稳固、越做越长久。

对产品缺点开诚布公，让客户权衡利弊

在这个需要自卖自夸的年代，很多广告和销售人员都在吹捧自己的产品在市场中如何有优势。但同时这也是一个信息泛滥的时代，一味地自吹自擂不一定能收到预期的效果。如果销售人员能将产品的缺点开诚布公地告知客户，并将这种缺点巧妙地转化为产品的全新卖点，给客户独立思考和权衡利弊的时间，可能会获得意想不到的结果。

客观地说，世界上的任何事物都不是十全十美的，有缺点、有瑕疵是情理之中的事情，在一定的标准下有些许的偏差和瑕疵也是可以理解和容忍的。既然如此，你在向客户介绍产品的时候就不一定非得避开产品缺点。有的销售人员在介绍产品的时候只向客户说明产品的优点和好处，却因为没有告诉客户产品的"缺点"而遭到退货甚至被客户谩骂为欺骗，进而失去一大群客户，这样的结局实在是让人唏嘘。

一位顾客走进一家高端服装商城，挑选了一件款式十分中意的衣服。这件衣服采用的面料是当年新上的高档面料，其优点是款式新颖，花色柔和，面料挺括，给人一种高档的感觉；但缺点是面料容易脱线。然而，售货员小张为了规避这件衣服的缺点，只为客户着重介绍衣服的优点。小张认为如果将衣服的缺点告知客户，那么客户必定不会为其埋单，将损失一次成交的机会。结果，客户买回去没几天就发现衣服脱线了，感觉自己花钱买的高端产品竟然质量如此低劣，一气之下便来到店铺，以欺诈消费者为由将小张向上级部门进行了投诉。

在这件事情上，无论是客户还是小张都认为自己是被伤害最深的那一个，一个认为自己花了冤枉钱，一个认为自己被别人冤枉了。

这样的情况在销售的过程中是很常见的，也是销售行业中存在的一个隐患问题，但并不被人所重视。销售人员是在逐渐进步中成长的，如果都像小张那样做销售，只会使自己和产品所在公司的信任度急剧下降，让客户越来越怀疑商业诚信的存在。当你被投诉的次数越来越多的时候，你就很难在销售行业继续生存下去，甚至会被"封杀"。面对上面案例中客户投诉小张的问题，正确的做法应该是根据产品的不同情况和客户的不同类型，清楚地向客户指出产品的优点及缺点，引导客户自己权衡利弊，做出购买决定。

当客户在挑选好衣服之后，如果小张换一种与客户交谈的方式，那么情况会大不相同。

客户："这件衣服好漂亮啊！"

小张："是啊，女士，您可真有眼光。我们这件衣服是所有衣服中最高档的一款，是我们新推出的面料，但是需要细心呵护。"

客户："为什么？"

小张："因为这款衣服的面料采用的是新技术，面料质地比较薄，所以不能用力拉扯。所以希望您购买前仔细考虑一下。"

客户："哦，这样子啊。那没关系，每件衣服都需要精心呵护，才能让我展现出更加美丽的一面。我平时穿的时候注意一下就好了。你帮我包了吧。"

小张："好的，我帮您包起来。请稍等。"

……

小张："女士，您的衣服请拿好。有什么不清楚的地方可以随时打电话给我。欢迎下次光临。"

显然，这样的话术让客户对产品的好坏更加明晰，不至于产生一种被欺骗的感觉。

那么，究竟该如何向客户坦陈产品的缺点呢？

1.坦陈中一定要带着中肯

在向客户坦陈产品缺点的时候，语言一定要坦率诚挚、中肯动听，让客户知道无论产品在生产过程中还是设计过程中都需要尝试一些新技术，这些新技术往往可以成为产品的优点，但也有可能是人们眼中的缺点。所以，销售人员要带着中肯的态度告知客户去正视这个问题，避免与客户之间因为产品的缺点而出现争执，影响销售活动的正常开展。

2.坦陈中一定要透露着自信

实际上，存在一定的缺点并不意味着产品就一定在市场中处于劣势，关键是看你如何用巧妙的表达方式将这种缺点转化为优点，让客户自己对其中的利弊做出权衡，这样反而能够让客户觉得更加踏实、可靠，更加乐于为这种经过自己独立判断转化而来的优点埋单。所以，坦诚地告知客户产品的缺点时也应当保持应有的自信，向客户坦诚宣告产品的缺点也是市场中同类产品的一种差异化标签，而这种标签恰好成了你的产品的一大优点和亮点。

3.坦陈时一定要注意先扬后抑

从心理学角度来看，人们往往有一种先入为主的心理，这种心理下隐藏着以下两个公式：

①优点→缺点=优点

②缺点→优点=缺点

所以，在销售过程中，对客户坦陈产品优缺点时一定要先说公式①，即先介绍产品的优点，然后再提产品的缺点和注意事项。这时客户已经在先入为主的思维影响下更多地倾向于记住和喜欢产品的优点，而对其缺点进行弱化甚至忽略。

4.坦陈缺点时一定要把握分寸

在坦陈产品缺点时，一定要记得一带而过即可，切忌将缺点放大化或者进行大肆渲染。这样则使产品缺点掩盖了优点，客户就不会为你的产品埋单。另外，在说缺点时一定要说一些与产品品质无关痛痒的缺点，或者是使用过程中可能会遇到的问题，也一定要注意把握分寸，不可胡编乱造、过分放大。

第4章
巧用语言艺术，直击客户心坎

成功的销售人员是离不开情感投资的。对于销售人员而言，巧用语言艺术进行情感投资是最廉价的方法，却能创造出乎意料的销售奇迹；对于客户而言，销售人员巧妙的语言艺术能够直击心坎，让客户飘飘然，缩短销售人员与客户之间的距离。这样在销售过程中，销售人员与客户的相处就会更加融洽，非常有利于后续销售活动的开展。

运用赞美的艺术虏获你的客户

世界上最华丽的语言就是对他人的赞美。适度的赞美不但可以拉近人与人之间的距离，更能打开一个人的心扉。赞美的话如果能够发自肺腑、情真意切，即便他人明知其中有奉承的意味，也不会拒绝你的赞美，毕竟获得别人的赞美本身是人们天然的一种心理需求。

既然客户需要赞美，赞美又不需要增加任何成本，那么作为一名销售人员，你又何必吝啬你的赞美呢？如果你能够运用赞美的艺术，借助最甜美的攻心话语俘获你的客户，对你提升销量必将大有裨益。

然而，销售人员赞美客户也要掌握一个度，否则会产生过犹不及的效果。那么，具体该如何运用语言艺术来赞美自己的客户呢？

1.赞美客户的一个具体点

赞美客户是需要理由的，不可能凭空捏造一个点来赞美客户。这个点一定需要充分的理由才能成为被赞美的对象，这样的赞美才能美到客户的心里，让客户更容易接受。笼统的、泛泛的赞美往往给人一种不真实的感觉，有时候甚至会适得其反，给客户一种谄媚奉承的感觉；细化的、具体化的赞美才是成功的赞美。赞美的时候，以下这点需要注意：男性销售人员面对女性客户的时候切忌过分赞美细节，因为这样会让客户产生情绪上的抵触，认为这样的夸赞像是别有用心。因此，男性销售人员在对女性客户进行赞美的时候应当从整体气质赞美对方。

有一对夫妇没有生育孩子，养了一条宠物狗。他们对这条宠物狗异常宠溺，呵护备至。有一天，一位汽车销售人员来他们家里拜访。在交谈中，这位销售员很快发现了客户非常疼爱宠物狗，于是他趁机对小狗加以赞美，说小宠物狗毛色纯正、血统高贵、对主人忠诚、能听懂主人指令、很会讨主人欢心，是一只非常聪明的狗。听到销售员的一番赞美之后，夫妇两人非常高兴，不禁对这名销售人员产生了好感。一周之后，这位销售员再次拜访这对夫妇，他们非常热情地接待了销售人员，最终从这位销售人员那里购买了一辆轿车。

2.赞美客户所具备的一个优点

在与客户进行简单交流之后你就会发现客户的一些优点和长处，这些优点和长处就可以作为销售人员赞美的入手点，如客户的办公室、名片、未来前景等，以及客户的长相（有气质、有内涵）、举止（有涵养、高雅）、语言（富有学识、妙语连珠）、生活品位等。

以赞美名片为例来进行说明。赞美客户名片时，可以从客户的名片头衔中判别客户的职务。职务越多，代表这位客户在所在的单位中更具有话语权和决策权。在赞美这类客户的时候可以从以下几方面入手：

（1）名片设计：可以赞美客户的名片设计精美、新颖独特，有创意。

（2）客户职务：头衔和职务多，可以赞美客户年轻有为、事业有成。

（3）客户名字：可以赞美客户人如其名，性格刚毅、雷厉风行、爽快果断。

当然，在对客户进行这些赞美之前，首先需要你具备很强的判别能力；如果判别失误，就会让双方尴尬。

另外，值得一提的是，赞美客户的最高境界是能够通过赞美客户的优点而一步步把自己的产品带入，能让客户注意到你的产品，进而能够心甘情愿地与你成交。

3.赞美客户最得意的事情

每个人都希望自己最得意的事情能够被更多的人了解和传颂，因此，销售人员可以在与客户攀谈的过程中挖掘客户认为的他人生中最得意的事情，并对其进行赞美，这样更容易博得客户情感上的共鸣，进而增加客户的成就感和自豪感。

一位大妈走进一家大型家具商城，她在一个精美的茶几前驻足了。销售员马上迎上来，问道："您好，大妈，您真有眼光，您现在看的这款茶几是一款很经典但又不失新颖的茶几，您看看它的材质，纯原木的。有两种颜色，您要不要看一下？"大妈没有回答，而是围着茶几继续看。

销售员："您经常参加健身运动吧？看您的身材保养得很好。"

大妈："也不是，就是经常出去跳跳广场舞。"

销售员："看您非常硬朗，身体一定很好。我阿姨年龄和您差不多，可她现在身体远不如您。"

大妈："我年轻的时候就是体操运动员，所以身形比较好。"

销售员："是吗？您年轻的时候打的底子真不错。"

大妈："唉，岁月不饶人啊。想想以前做个后空翻都是轻而易举的事情，还拿过好几次奖，那是我最光荣的时候，也是最高兴的时候。现在不行了，老了。"

销售员："您看您能拿那么多次奖，一定思维敏锐、身手敏捷。现在您看茶几的眼光还像年轻时候一样敏锐，还是很有品位的。"

大妈："对了，说起茶几来了，我正缺少你们卖的这种茶几呢，品质没问题吧？"

销售员："没问题，您绝对放心。"

最后，茶几被大妈高兴地买走了。

简言之，赞美并不是随心所欲地去赞美你的客户，更不是千篇一律地使用套话，而是能够恰到好处地运用赞美的艺术，直击客户的心坎，打动客户，俘获客户的心，这样才能在销售过程中收获想要的成果。

巧用幽默，谈笑间让尴尬灰飞烟灭

美国著名心理学家特鲁·赫伯说过："幽默是一种最有趣、最有感染力、最有普遍意义的传递艺术。"换句话说，幽默是一种最富有感染力、最能传情达意的交际艺术。的确，幽默在人际交往中的作用是不可忽视的。大多数人喜欢和幽默的人聊天、交谈，因为和这类人聊天是享受轻松和愉悦的过程。

在销售过程中，交易本身就容易让客户拉起一道心理防线。如果能够巧妙地运用幽默的语言表达技巧，就可以消除客户心中的紧张和疑虑，让谈话在轻松的氛围中进行。这也是吸引客户注意、获得客户喜爱的方式之一。能够用幽默吸引客户，让其对你的产品感兴趣，那么你便离成功销售更近了一步。

一个精明的销售人员应当能在市场中凭借自己的销售经验和表达技巧快速拿下客户。巧用幽默能在销售过程中让销售人员轻松地消除与客户之间的尴尬，进而让销售活动开展得游刃有余。

那么如何才能运用好幽默的语言呢？

1.用幽默的语言打开话匣子

俗话说"万事开头难"，但一旦开好了头，后续工作都将变得更加容易。在双方交谈的过程中，幽默的话语可以顺利地打开彼此之间的话匣子，让双方有话可聊，这样更有利于营销活动的开展。

爱美之心人皆有之。通常来说，长相俊美的销售人员更易于吸引客户与之交谈。在大多数人看来，一位其貌不扬的销售员似乎在销售领域是很难"混得开"的，但杨鹏用自己的实际行动证明了自己的销售能力，证明了不具备高颜值也能将销售工作做得很好。每次在遇到陌生客户盯着他看的时候，杨鹏总是微笑地开口说："你们见过长得像我这么丑的销售员吗？"客户听到他这么调侃自己便觉得杨鹏很幽默、很随和，于是就会对杨鹏产生好感，也愿意听杨鹏介绍产品。杨鹏正是利用自嘲的幽默方式打开话匣子的。这样一来，客户就不会太注意他的"丑"，而是将注意力转移到听他介绍产品上。

2.利用幽默语言消除尴尬

在与陌生客户交谈的过程中，经常会遇到尴尬的情景。在这时候如果能够巧用幽默的话语，不但可以活跃销售气氛、缓解尴尬氛围，还能将不利的境地转为有利的境地。

一位女顾客带着自己与父亲年龄相近的新婚丈夫去服装店买衣服，女店员介绍了一套西装给男士，并说："这套衣服很适合您的爸爸穿。"女顾客听了这话很尴尬，顿时脸都红了。旁边另一位女店员发现此情形，知道自己的伙伴说错了话，冒犯了顾客，于是上前搭话："小姐，您看这位先生穿上这套西服，精神很多，显得很有品位，与您在一起就像是总统和总统夫人一样。"这时，女顾客转怒为喜，还跟女店员说："你真幽默，看来我不买都不行了。"

3.用幽默的语言引导客户购买

客户是否购买产品，要看销售人员如何去引导。尤其在客户对商品并不了解的情况下，唯有销售人员向客户详细介绍产品特性、使用方法等，做出一步步的引导和讲解，才能让客户对产品逐渐产生兴趣。如果销售人员能够在引导和讲解产品的过程中融入幽默的语言，则更容易获得客户的好感并达成交易。

4.用幽默语言促成客户下单

成交是销售过程中的临门一脚。在产品和服务相同的情况下，能否快速成交在很大程度上就取决于销售员的说话技巧。销售人员熟练运用幽默的语言技巧，可以加快成交速度。

一位销售人员在向一位老人推销老花镜。正当快要成交的时候，老人突然看到年轻的销售员手背上有一块刺青。此时，老人立马说不要了。销售员这时也发现老人盯着自己手背上的刺青看了一会儿，于是灵机一动，说："低价未必没有好货，就像我手背上有刺青一样，有刺青不一定都是流氓，岳飞也有刺青啊。"听销售员这么一说，老人瞬间乐了说："小伙儿不错，我买了！"

俄国文学家契诃夫说过："不懂得开玩笑的人是没有希望的人。"可见，生活中处处少不了幽默去调剂。销售过程同样需要多点幽默，这样不但可以为客户带来欢乐，而且还可以让销售氛围更加愉悦，成功售出产品就是水到渠成的事情了。

投其所好，多谈客户喜欢的话题

销售人员行走职场江湖，必然会遇到形形色色的人。如何让这些人愿意买你的东西呢？这是很多销售人员经常问自己的一个问题。要想让客户耐心听你介绍产品、和你倾心交谈，首先你就需要投客户所好，多谈客户喜欢的话题。这些话题必定是能够让客户产生共鸣的话题，是能够激起客户兴奋的话题。

一个优秀的销售人员必须做到"没话找话"。其实，这就好比是写文章一样，一旦找到了好的话题，就能够在写作中文思泉涌，一鼓作气完成。销售人员与客户交谈时，如果能找到客户喜欢的话题，并投其所好地展开话题，那么必定能够在相互之间的一问一答中逐渐加深情感，这是打开合作之门的关键。

通常情况下，与客户交谈的过程中，能够投客户所好的话题主要有以下几种：

1.谈论客户的工作

谈论客户的工作可以从客户曾经取得的成就或者未来的美好发展前途入手，这些都是客户非常感兴趣的话题，也是客户非常喜欢谈论的话题。

2.谈论客户的爱好

客户的爱好自然都是他们的兴趣所在，比如运动、休闲方式等都可以是客户的爱好项目。这就要求销售人员在最初见到客户的短暂的时间里能够从客户的外形、衣品、配饰、言行举止等方面进行观察和判断，另外也可以事先向其他人打听得知。

在一次车展上，销售经理卢兴然在一位出手阔绰的客户的引荐下结识了一位目标客户。在对这位目标客户的言行举止进行观察和分析之后，卢兴然发现这位客户对越野车十分感兴趣，并且眼光独到，所看的越野车价格不菲。另外，这位客户是一位出手阔绰的客户引荐的，其购买能力自然也差不到哪里去。

卢兴然兴奋地想，这位客户一定是一条"大鱼"，于是就将本公司的产品手册交给了这位客户。但是客户并没有做出任何反应，只是继续看越野车。一连好几天过去了，卢兴然没有收到这位客户的任何信息和回复，于是他主动与这位客户通话，试着询问其购买意向。结果客户说自己很忙，就回绝了卢兴然。

之后，卢兴然经过多方打听，得知这位客户对射击很感兴趣，周末经常去郊区的一家射击场。于是卢兴然在网上查阅了很多与射击相关的知识，并花了大量休息时间去市区周边的几个射击场走访。一个星期之后，卢兴然掌握了很多有关射击方面的技巧和要领，同时也对周边的射击场了如指掌。

再一次拨通客户的电话后，卢兴然并没有像上次那样冒失地询问客户的购买意向，而是换了一种方式："上次我无意间发现一家设施非常齐全、环境和服务特别好的射击场地。"这次，客户主动邀请了卢兴然去这家射击场见面。见面交谈后，客户对卢兴然在射击方面的知识大为赏识，感觉自己找到了知音。在回来的路上，客户主动向卢兴然表示自己喜欢驾驶非常豪华的越野车。这时候，卢兴然非常激动地心想："'大鱼'终于要咬钩了！"但他表面上显得十分淡定，说："巧了，我们公司现在正好有几辆新上的豪华越野车，如果您有空可以过来看看。"最后，卢兴然投其所好地打了个正着，成功拿下了这位客户。

3.谈论客户的家庭

无论是谁，亲情都是最难割舍和抹掉的。所以，关心客户的家庭成员可以作为一个永恒的话题。销售人员与客户交谈时可以谈论客户家人的健康，可以关注和帮助客户提升孩子的学习成绩等，这些都是客户极其喜欢谈论的话题。

一家英语教育培训中心为了增加销量，招了一批年轻的销售人员拓展市场。

销售员："阿姨，您好。听说过××英语教育培训吗？"

客户："嗯，之前在电视广告中看到过。"

销售员："是啊，您看我们这是一家国家批准的大型英语培训机构，每年培养出很多优秀的精英。最近刚在咱们市申请下来开设了分支机构，现在正面向全市广纳英语爱好者，免费学习三天。我们经过长期的跟踪试验，得出的结果是：学员在我们这里学习一个月，英语成绩至少提升10分！"

客户："是吗？真的管用？我家孙女再过半年就要中考了，最近学习压力大，成绩有点下降了。"

销售员："这个可得多加留意了啊，不能让孩子成绩继续下滑了。临近中考这个阶段，学习成绩每提升一次，就可以大大增加孩子学习的动力和信心。"

客户："这也是我担心的。"

销售员："那您可以先给孩子报个名，让孩子有空的时候去听听课，感受一下我们的教育方式。要是果真觉得不错，就继续学习。反正免费听三天课您也不会有什么损失。"

客户："嗯，行，那我就先给孩子报个名吧。"

结果，这位大妈的孩子免费试学之后，重拾了学习英语的信心，感觉更加喜欢英语这门功课了，最终成了这家英语教育培训机构的正式学员。

4.与客户一起怀旧

人人都有一颗怀旧的心。如今，随着时代与生活的变迁，原有的乡土习俗都已经离我们越来越远，而怀旧则成为人们寄托情愫的一种方式。所以，销售人员从客户故乡的风俗或者最令其回味的往事等方面入手，也是一种非常不错的投客户所好的方式。

投客户所好，就要求销售人员平时广泛培养个人兴趣，丰富自己的知识和阅历，这样在与客户交流的过程中才能更好地迎合客户的兴趣点，成功达成交易。

多向客户请教问题，让客户荣誉感倍增

从某种意义上讲，请教也是一种赞美方式。因为你在向别人请教的时候就在变相地提升对方、贬低自己，这是一种对对方能力的赏识，会让对方内心愉悦。

销售人员应当熟练应用这种向客户请教问题的方式，这样可以让客户荣誉感倍增。通常，销售人员在向客户请教问题的时候，可以从对方的创业史、成功秘诀、企业文化、个人才能的提升、独到的管理方式等方面入手，逐渐在请教的过程中有效改善客户关系、获得客户好感，便于销售活动的开展。

北京某医院是全国脑科治疗最有实力的医院，吸引了全国的不少病患前来就医。由于病患数量急速上升，而X线机设备数量有限，于是医院准备新购进一批X线机设备。医院将这一采购工作交给了放射科的王主任。各X线机设备销售人员得知这个消息之后就整日围着这位王主任转，他们竞相推荐手中的X线机设备并夸赞自己的设备如何好。其中有一位销售人员看见眼前这般激烈的竞争，并没有像其他销售人员一样走自我吹捧的路线，而是另谋他法。

一天，他设法约到了王主任，说道："感谢您能在百忙中抽出时间听我说话。我们公司生产的X线机设备，我不说它是十全十美的，因为它肯定有不够完善的地方，需要我们不断提升和改进，但我们又不知道如何着手去做。您在这方面肯定也了解不少，希望您能有时间帮我们看看，如何改进才能达到这一行业的要求。我们非常荣幸能够听到您的指教。"

王主任听后脸上洋溢出高兴的神情，说："谢谢你这么说，让我感觉我很重要。到目前为止，还没有哪个厂商向我请教X线机设备设计方面的问题呢，你是第一位。我平时工作挺忙，明晚吧，我下班晚些时候去看看你的机器。"

第二天晚上，这位王主任果然约见了这位销售人员。看过这位销售人员的X线机设备之后，王主任高度肯定了机器，并提出了几点意见。沟通进行得非常顺利，最后王主任决定向这家厂商订购一批这种型号的X线机设备。

其实，真诚地请教客户的专长、才能、学识，往往是一把成功打开销售大门的钥匙。因为在某种程度上，请教就意味着对客户专长、能力、学识的肯定。通常人们都会向比自己高明的人请教，换句话说，当你向别人请教问题的时候，就意味着你将对方放在了一个较高位置上，或者已经将对方视作某一方面的行家。

销售人员在请教客户问题的时候，应当注意以下几点：

1.找准客户的专长进行请教

在向客户请教的过程中，应当从客户最拿手、最擅长的地方入手，这样，客户不但乐于赐教，同时还能够通过你的这一行为给其带来优越感和自豪感。另外，如果在请教的过程中你表现得很有悟性，能够让他感觉他教起来很轻松而你又学得很快，他就会很快视你为知己、同道中人，会进一步加深对你的信任。

"想向您请教一下有关产品方面的问题。"

"我该怎么办？"

"请问，您如何能够做得这样好？"

"请问，您是如何做到的？"

2.向客户请教自己的做法是否正确

几乎每个人都有教育后辈的虚荣心，所以，销售人员可以直接坦诚地向客户请教，询问自己什么地方做得不好、不够完善，这样会让客户认为你是一个谦虚和追求进步的可信任的人。销售的目的就是为了多拿订单、多走销量，因此销售人员向客户请教问题时必须时时刻刻以客户为中心，真正地关心客户的需求，永远帮助客户争取更多的利益。在向客户请教自己的做法是否正确的时候，实际上就是在征求客户的意见和建议，当客户感觉到你所做的一切都是围绕他的利益最大化而进行时，他势必会产生一种感激之情，这种感激之情可以很好地拉近你与客户之间的距离，非常有利于销售活动的开展。

"您认为如何？"

"您觉得还有哪些地方做得不够好？有需要完善的地方吗？"

　　总而言之，向客户请教问题的方式是一种间接的对客户的赞美，这种方式往往不用担心单纯的赞美会过犹不及，给客户造成一种谄媚奉承的感觉。相反，用请教问题的间接赞美方式获得的赞美效果会更佳。

让客户有面子，客户才会心甘情愿地掏腰包

中国是礼仪之邦，素来以维护面子为宗旨，认为有了面子也就有了尊严、有了自尊、有了在别人面前炫耀的资本。可以说，有了"面子"，似乎任何问题都变得好解决了。

在销售活动开展的过程中，销售人员如果能够机智地抓住大部分国人"爱面子"这一特点，那么销售工作的开展将变得更加容易。

一家高档的商场里人声鼎沸，生意火爆。一位穿着朴素、大方的年轻女士拿着普通的手包走进一家服装店。

店员见有客户进来，很勉强地迎了上去并出于礼貌地打了声招呼："您好，女士，欢迎光临。"看到这位女士走到了服装店的高档套装区，这名店员跟在她身后也来到了高档区。

年轻的女士在一套非常考究的花色绸缎旗袍前停了下来，用手摸了摸旗袍的面料。此时店员开始神情紧张，立刻对这位女士说："女士，您看我们这款绸缎旗袍属于高档服饰，因此我们必须保证防止客户的指甲划伤或勾丝，一般是非买勿摸的。我向您推荐一下那边的旗袍吧，价位适中，应该更适合您的气质。"

听完店员的话，这位女士的表情顿时"晴转多云"，说了一句："还说什么高档货，看来质量也不怎么样啊！"说完愤愤地转身扬长而去。

显然，这位店员只注重客户的外表，认为客户穿着、打扮一般，没有显示出富贵的模样，就因此判断客户无力购买高档区的产品，并非常无礼地告诫客户"非买勿摸"，可见店员将这位客户视作"买不起"的客户了。这样让客户感觉自己很没面子，肯定也就不会有成交的可能。

相反，如果能够给足客户面子，那么成交就会容易很多。

郭伟红是一家知名品牌鞋店的销售人员。一次，有一位穿着很朴素的男士顾客走进店里，小郭赶紧迎上去，说道："您好，欢迎光临，请问有什么可以帮助您？"

"我想看一下高跟皮鞋，要真皮的，水晶鞋，38码。有合适的吗？"小郭一看这位先生是位爽快人，开门见山地说出了自己的需求，于是转身去货架上挑了一双看上去很考究的水晶鞋过来，说道："先生，您看看这款皮鞋怎么样？刚上市，很有品位的。"

这位先生说道："看起来是不错，质地也很好，做工也考究。这鞋是买给我闺女结婚时穿的，如果大小不太合适，可以过来换吗？"

"这个您放心，我们这里都是正规三包产品，无论产品还是服务都包您满意。"小郭回答道。

"售价多少呢？"先生问道。

"1999元，先生。"

"嚯，怎么这么贵？"

"您放心，先生，我们这都是明码标价的。再说这款是新品上市，您也看到了，鞋子质量好，做工也都没得挑，就像是专门为您女儿新婚定制的新款，穿上它不但能够烘托出您女儿的非凡气质，还能在宾客面前很有面子。依我看，这鞋最配您女儿新婚穿呢。"

"是吗？你说得蛮有道理的，毕竟是女儿的新婚，自然要穿得光鲜亮丽，给宾客超凡脱俗的感觉。好了，我买了。"于是，客户兴高采烈地买走了这双水晶鞋。

小郭正是抓住了客户爱面子的心理，恰到好处地夸赞了客户，赢得了客户的欢心，从而让客户心甘情愿地掏腰包，顺利地将鞋子推销了出去。

销售人员如何才能让客户有面子，进而心甘情愿地掏腰包呢？

1.对客户进行适当的夸赞

在让客户感觉有面子之前，一定要充分利用自己的判断能力，有效辨别客户是不是爱面子的人。如果客户是爱面子的人，就应当给客户展示面子的机会。一旦客户感觉自己在别人面前很有面子，自然会发自内心地喜悦与高兴，进而心甘情愿地掏腰包。

2.制造客户"有面子"的机会

在没有机会展示客户"有面子"的时候，销售人员就需要想方设法创造让客户展示面子的机会，比如可以在与客户交谈的过程中热情地向客户介绍高档产品，以此抬升客户的身价。这时，客户自然而然就会感觉你十分重视他，让他很有面子，自然就会毫不吝啬地掏腰包埋单。

3.借用他人的言辞赞美客户

让客户觉得有面子，不但可以通过销售人员之口赞美客户，还可以假借他人的言辞来赞美客户，让客户觉得自己能够获得诸多人的认可，进而感觉面子十足。

现实生活中，许多人都会注重自己的面子，这正好是销售人员快速取得销售业绩的一个很好的切入点。如果销售人员能够抓住这条客观规律，顺势给足客户面子，那么提升销售业绩将不再是难事。

话语中透露出紧迫感，帮助客户下决心

很多时候，在向客户推销商品或者与客户进行谈判的时候，销售人员往往处于被动地位，任凭自己说尽产品的好处、费尽力气劝说客户，却依然达不到想要的结果。即便客户对产品动了心，也还是会进行讨价还价，迟迟不做出购买决定。面对这种情况，"紧迫感"或许是一剂加速客户购买的催化剂。

没有人会喜欢情绪上的紧迫。因为在紧迫感背后往往承载了巨大的压力。在销售过程中，有时候"紧迫感"并不一定会让客户惊慌失措地逃走，反而可能促成客户主动成交。这个关键就在于是否能够把握好"度"，能否用好"紧迫感"这个武器。

那么，销售人员如何通过语言表达来营造紧迫感呢？

在销售过程中，为了让客户能够加快速度做出购买决策，销售人员可以改变单向推销的销售策略，利用客户"怕买不到"的心理，对客户稍加诱导，从而增加客户购买的紧迫感，这样他们就会变被动为主动，尽快做出购买决定。具体来讲，可以从以下几点做起：

1.利用"特价"来制造紧迫感

销售人员可以告知客户，当前产品是"特价"阶段，机不可失时不再来，一旦错过了这个机会就需要按原价购买。这样，客户会觉得如果不把握好这次机会就会造成极大的遗憾，此时紧迫感就随之产生了。紧迫感一旦产生，客户就会自然而然地做出购买决定。无论用什么方法，只要能制造紧迫感，刺激客户尽快做出购买决策，就是成功的推销方式。

2.利用"过两天怕没货"来制造紧迫感

销售人员经常遇到这样的情况：当客户拿不定主意的时候，往往会说："东西挺不错，等下次带我朋友过来参谋参谋。"此时，很多销售人员会说："好的，那您下次再过来。"殊不知，客户在走出你的视线之后就已经有很大的可能变为别人的目标客户了，这就意味着你失去了这位客户。要知道，一旦你失去了这位客户，客户再回来的可能性就会很小。

这种没有给客户压力的销售方式显然已经失去了盈利机会。如果销售人员能够换一种话术："今天您没有带您的朋友过来实在是太可惜了，这款产品太适合您了，而且我们今天正好有促销活动，价格又不高，明天活动就结束了。您不妨先试试？"

这样应答客户既可以肯定客户的选择是非常明智的，又能说服客户试一试产品，进而刺激客户的购买欲望，最后利用优惠时限来促进客户成交，不失为一种好方法。

凌潇潇是一家服装店的销售员。一天，一位顾客进入店里，径直走到一款粉红色羊毛大衣旁边看了起来。凌潇潇上前问道："您好，女士，请问有什么可以帮到您？"这位顾客指了指这款粉红色大衣，问道："有我合适的码数吗？"凌潇潇微笑回答："当然。看您的身高和胖瘦，应该170/96A正合适。""那你帮我拿下170/96A。""好的，请稍等。"

当凌潇潇拿下衣服，为这位顾客换上之后，整体上看，衣服就像是量身定做一般，非常合身。顾客当即问道："价位是多少呢？"凌潇潇看了看吊牌，说道："原价1580元，我们现在周年店庆，搞活动，每件七五折，折后价是1185元。""嗯，这件大衣质量不错，我今天还没有做好决定，等改天我带我的闺蜜一起过来帮我参谋参谋再做决定。""女士，您看，您今天来，正好赶上我们店里这几天周年店庆，明天就结束了，优惠活动也就截止到今晚，价格上是非常划算的。再说，这件衣服很能衬托您婀娜多姿的身材，显得肤白，更有气质。如果您今天不买，那么就错过了最佳折扣期了，现在买是非常划算的。"此时，客户思索了一下，最终做出了购买决定。

3.利用"只剩一件了"来制造紧迫感

大多数客户都是非常挑剔的，当销售人员好不容易把唯一的商品推荐给客户，客户也非常满意时，却往往会要求销售人员换一件最新的、未开封的产品。

如果客户坚持要新的但此时库房又没有货，调换货又来不及，这种情况下，销售人员应当如何应对呢？此时，如果销售人员对客户说："这已经是最新的了，如果有的话我一定给您拿。"这样说虽然能够体现出销售人员的诚恳，但并不能让客户信服。

但销售人员如果用这样的话术："真的很抱歉，您看这件商品是新拆开的，不仅是全新的，而且是最后一件了。之前是没有人打开过的。

您的运气真好，正好这件是热销产品，您赶上了这最后一件，如果您真的喜欢的话，我就帮您包起来，要不然这么走俏的商品等您转一圈回来可就真的卖完了。"这样的话术不但能给客户真诚感，关键是能通过"只剩最后一件"给客户带来一定的压力，让客户觉得如果不买就要错失机会。另外，"热销产品"是对客户眼光的肯定，而且又说明了产品是刚拆开的、全新的，这样绝大多数客户都是能够接受的。

用故事引起客户共鸣

人与动物之间最大的区别就在于人可以利用语言的方式讲述许多感人至深、惊心动魄的故事。一个好的故事可以是真实的，可以是夸张的，但有一点是值得肯定的：销售人员可以借助讲故事的方式引起客户共鸣，并以此创造销售业绩。

事实上，销售高手与普通销售人员之间的显著差异之一就体现在讲故事的能力上。顶尖级的销售人员通常都是讲故事高手，一名成功的销售人员首先需要把自己成功地推销给客户，而讲故事的目的就是告诉客户"我为什么是值得你信任的"。但如果你只向客户讲你的销售资历、销售业绩和自身客户背景，势必会让客户产生一种"老王卖瓜，自卖自夸"的感觉，容易让客户反感。

客户喜欢与有涵养、有素质、有文化的人聊天。如果销售人员只采用白开水似的谈话方式，不如引用一个经典故事瞬间震住客户。讲故事不一定照搬故事的原意，也可以通过故事的隐喻来引起客户的共鸣。这样就能够非常巧妙、不露声色地将销售人员的心声传达出去，传递到客户的心坎上，从而产生更好的销售效益。

那么，如何用讲故事的方式引起客户的共鸣呢？

1.好故事要让人能听得懂

构思一个好故事，就像写文章一样，首先要明确中心思想，即明确故事的主题是什么。

在向客户讲销售故事的时候，销售人员首先要根据当时的情形确定是讲关于产品使用、用户体验的故事还是直接讲述关于产品的故事。销售人员在讲述销售故事时，可以简单地以这样的话术开始："我曾经遇到过一位跟您有同样想法的客户。""我们24小时服务是怎么做到的呢？我先给您说个真实的故事。"用提问的方式来做讲故事的前奏，可以更好地吸引客户的注意力，一步步引导客户进入故事情境。

2.好故事内容要注意制造冲突

在讲故事的时候，要记住：平铺直叙的故事很难持续引起客户的兴趣，唯有在适当的时机制造冲突才更容易吸引客户驻足。比如，产品价格与使用效果的冲击就能很好地吸引客户关注。销售人员的工作一方面是向客户介绍产品，另一方面就是处理客户异议，唤醒客户的购买意识。

客户总希望花小钱买到价值更大的商品，但这种想法并不能与商业世界的逻辑相符。如果你所讲的故事能够将这两方面拿捏得非常好，通过自然、流畅的故事，既能巧妙地把客户内心深处的真实想法说出来，又能给足客户面子，同时还能够巧妙地告诉他这种想法是错误的、不切实际的，让客户明白"一分钱一分货"的道理。

芳华是一家世界十强护肤品企业在中国华东大区的销售代表。她作为一名经验资深的销售高手，非常擅长以情动人、用故事说服客户。在一次产品推销时，一位客户打算为其妻子买一套护肤品，但是又希望花小钱办大事，因此与芳华不停议价。此时，芳华便向这位客户讲述了一个非常真实的故事。

芳华说道："我认识一位女士顾客，恰好这位女顾客和她表姐都是敏感性肌肤，她们平时都不轻易使用其他品牌的护肤品，因为担心过敏。这位女顾客本来在一家旗舰店看到了自己平时用的那套温和、无刺激的化妆品搞促销活动，于是打电话告诉表姐也要给表姐带一套。但不巧的是，正好只剩下一套了。要是不给表姐买，毕竟已经电话中答应表姐了，要是给表姐买，自己现在用的产品也马上就要用完了。正当苦恼的时候，突然她想到其他化妆品店也应该有这套产品，于是就去其他化妆品店转了一圈，发现价格比旗舰店的要便宜120元。她心想：'看产品的包装和之前买的那一套一模一样，应该也不会有什么问题，但价格比旗舰店便宜120块钱呢，买回来自己用也挺划算的。'于是就分别在旗舰店和某化妆品店各买了一套，把旗舰店买的那套给了表姐，而在某化妆品店买的那套留给自己用。可是，没过两天问题就来了，这位女士的面部全是红斑，又疼又痒，出现了严重的过敏现象。打电话问表姐的情况，表姐表示自己并没有出现过敏。这时候，这位女士恍然大悟：'一分钱一分货，既然产品的成本价格是一样的，某化妆品店能便宜120块，其中自然是有猫腻的，真是贪小便宜吃大亏啊。'事后，这位女士为了治疗过敏，花了很多钱。"

当芳华跟这位客户讲完这个故事以后，客户的情绪也很激动，说："你这么一讲，我突然想到了我的一位朋友也遇到过这样的事情，后来给她的生活带来了很大的不便。想起来都后怕！"于是，这位客户没有再对芳华的售价提出任何异议，一口气从芳华那里买了好几套护肤品。

3.讲有画面感的故事

语言风格平淡无奇并不能唤醒客户的记忆画面，销售人员所讲的故事也不能在客户脑海中留下深刻的印象。给客户创造画面感，是要用好的销售故事打动客户的心。销售人员面对的是客户，客户往往没有足够的耐心听你讲完冗长的故事。因此，销售故事与我们平日里的故事有所不同，可以有时间、地点、人物描述，也可以将这些要素进行淡化，重点突出故事发展的情节。

所以，作为一名优秀的销售人员，你需要清楚讲这个故事的目的是什么，然后将一件看似复杂的事情用一句话概括出来。只要能将事情的精髓传达给听众，传达给眼前的客户，让客户脑海中形成有质感的画面，客户就会产生身临其境的感觉。

销售人员必须具备讲故事的能力，既要将故事讲得精彩，又要让故事简洁。

现代销售学之父菲利普·科特勒说过："客户买的并不是钻，而是墙上的洞；星巴克卖的不是咖啡，是休闲；法拉利卖的不是跑车，卖的是一种近似疯狂的驾驶快感和高贵；劳力士卖的不是表，是奢侈的感觉和自信。"销售人员讲的不是故事，而是为了通过故事让客户产生一种情感上的共鸣。

巧用暗示，激发客户购买欲望

开展销售活动也是对销售人员口才的一种考验，运用之妙存乎一心。有时候，广告往往是很难深入人心并形成深刻记忆的，更不会让客户对产品产生极大的关注。而一则寥寥数字的广告语却很有可能获得人们更多的注意，其实这种注意力是一种无意识行为，是语言暗示的结果。

当销售人员一遍遍地向客户宣传产品时，这些与产品相关的信息就已经在人们的脑海中积累下来。当人们购物时，其潜意识就会受到广告宣传的影响，让其不知不觉地去购买这个产品。所以销售人员应当借助暗示语言的力量，让其不经意间在客户心中产生影响力，在客户潜意识中留下印记，使说服客户购买的效果更为显著。那么销售人员应当如何巧用暗示呢？

1.多用"当您使用它的时候……"进行暗示

销售人员在和客户沟通的时候，要学会使用"当您使用它的时候"，而不要说"如果""假如"等词汇。"当您使用它的时候"的句式实际上已经在暗示客户，并向客户的潜意识里灌输一种他已经购买了这个产品的信息。销售人员此时是在教客户如何使用产品，而不是说服他购买，这样就可以很好地避免客户出现抵触情绪，同时也能激起客户对产品的占有欲。

话术一："当您使用这台智能冰箱的时候，它有智能温控系统，即便您外出，也可以通过手机APP控制冰箱温度。同时这台冰箱还搭载了人体感应模块、10寸TFT屏、音箱等功能，冰箱两侧的喇叭可以为用户提供立体声的服务。用户通过语音也可以进行天气状况、菜谱、娱乐节目的搜索。除了这些功能外，如果您想要网购，可以直接通过手机在苏宁易购一键下单。这台智能冰箱会大大提高您的家庭生活品质，我敢肯定您一定会非常喜欢它。"

点评：这段话详细地为客户介绍了以往冰箱所不具有的新颖独特的功能和操作方法，让客户耳目一新的同时，如同身临其境一般感受到这款智能冰箱的强大功能，并能勾起客户急切想拥有这台智能冰箱的欲望。

话术二："假如您购买了这台智能冰箱，您的生活品质将有极大的改观……"

点评：这样的语言表达方式会使客户产生这样的感觉："我还不一定买不买呢！"

2.多用"我们来……"进行暗示

销售高手往往喜欢用"我们来……"这样的话术句型，以此来营造双方合作的气氛，让客户感觉自己和销售人员是站在同一阵营上，而不是相互对立的，这样可以有效减轻客户的压力，更容易与客户达成共识，进而有效促进客户产生购买欲望。

话术一："我们来看一下，现在购买产品可以得到哪些方面的优惠。"

点评：这种表达方式可以让客户感觉销售人员是站在自己的立场上，是在为自己寻求和挖掘更多的利益。

话术二："先生，您今天购买产品已经是享受了极大的优惠了。"

点评：客户听后会觉得好像受了销售人员极大的施舍一般，可能会感觉内心很不舒服。

3.多用肯定性词语进行暗示

很多时候，销售人员会这样询问客户："不买吗？""不喜欢吗？""没中意的吗？"这种否定的反问句式，往往会给客户带来"不买""不喜欢""不中意"的心理暗示。所以，为了避免这种情况，销售人员应当多用肯定词语对客户进行暗示。

话术一："我相信，您第一眼就看上这件商品一定是最中意的，对吧？"

点评：这样向客户暗示这件商品就是自己最中意的一件。

话术二："我很高兴，相信您这是做了一次十分明智的决定，您觉得呢？"

点评：这种表达方式让客户产生一种"购买即是明智之举"的暗示心理。

话术三："我想您还是现在定下来比较好，因为这款货非常走俏，并且这个码数只剩下两件了，您说呢？"

点评：这样表达，向客户传递了产品即将售罄的信息，暗示客户再不定下来购买就会错过产品。

　　语言是一门艺术，如果能够驾驭得当，将会为你销售事业的发展起到很好的推动作用。暗示性的语言能够引导客户点头称是，刺激客户的购买欲望，帮助你达成交易。所以在销售过程中不妨多使用这类语言，注意恰当使用，让它成为你强有力的销售助手。

第 5 章
巧妙提问，挖掘客户需求

推销产品的一个秘诀就是找到人们心底最强烈的需求，为了切实了解客户需求，销售人员必须学会用提问的方式来挖掘客户需求。因为在与客户沟通的过程中，你通过巧妙的方式提出的问题越多，所获得的有效信息就越充分，最终获得销售成功的可能性就会越大。

投石问路，用提问的方式打开客户的话匣子

不少销售人员会有这样的困惑：在与客户交流的时候总是没话说。自己问一句，客户回答一句，非常单调，永远打不开客户的话匣子。其实，销售人员只要调整好心态、掌握好方法，就能与每位陌生客户都愉快地交流。而向客户发起有效的提问，则是打开客户话匣子的关键。

实际上，向客户发起提问好比投石问路，这其中的关键就在于如何把握提问的方式。不同的提问方式获得的效果也是大相径庭的。因此，在提问时注意方式方法很重要，投出石头的方式不同，问到的路也有所不同。

有一位做生意的先生来到教堂祈祷。在祈祷的过程中他突然想抽烟，于是他就问修女："修女，我可以在祈祷的时候抽烟吗？"修女果断地回答："不可以！"接着，这位先生又问："那我可以在抽烟的时候进行祈祷吗？"修女又果断地回答："当然可以！"

可见，善于运用语言的魅力进行有效提问，就可以获得大不相同的效果。

常见的提问方式有以下几种：

1.打招呼式提问

打招呼式提问就是我们常说的问候式提问，这种方式主要是在开场的时候通过热情的问候来调节现场氛围，从而拉近与客户之间的距离。

"您好，女士，看您气色挺不错。您用的什么化妆品呢？效果这么好？"

"好久不见，张姐，您的身材一直都保持得这么好，您是怎么做到的？"

"好久没联系了，王经理，有时间一起吃个饭聚聚？"

这样的提问方式可以做到"没话找话"，主动打开客户的话匣子，让客户在回答之余更加愿意分享他的经验、知识、技能等，在一问一答中慢慢切入主题，并逐渐渗入你的产品，以达到销售的目的。

2.封闭式提问

所谓封闭式提问，就是你向客户提出的问题是一个选择题，客户只能通过选择A或B的方式来回答你的问题。这种提问方式的好处就是你已经给答案设定了范围，客户只能从你所设定的答案中作答，而不能凭借自己的想象力随意回答。这种提问方式能将跑偏话题的客户及时拉回到正题上，让话题回归正轨，是对客户进行有效引导的一种比较好的方式，对于促进交易也有很大的作用。

"您好，女士，看您气色挺不错。您用什么化妆品呢？能否向我推荐推荐呢？"

"好久不见，张姐，您的身材一直保持得这么好，是经常健身还是控制饮食做到的呢？"

3.开放式提问

与封闭式提问相对应的是开放式提问，就是通过提问的方式让客户自由发挥表达自己的需求，而不对客户的回答进行任何限制。开放式提问的好处就是让客户按照自己喜欢的方式去阐述看法和观点。在这种谈话氛围下，客户很容易获得轻松、愉悦的体验，能够畅所欲言并表达自己的心声。开放式提问的不足之处就是客户的回答形式太过自由，有时候会出现跑题现象，这就需要销售人员在提问的时候适当引导客户，从而保证话题始终围绕你所销售的产品进行。

"您好，先生，请问您有什么需要帮忙的吗？"

"目前我们这款产品正在追加补货，预订后才能补货。您希望什么时候能够用到这款产品？"

"女士，我们这里是女士连衣裙专卖店，您想购买什么款式的连衣裙呢？"

4.诊断式提问

诊断式提问就是销售人员站在客户的立场上收集客户的信息，同时为后续的提问打下基础。在诊断式提问中，常用的诊断词包括：是、还是、对不对、是不是、要不要等。诊断式提问可以更加有针对性地了解客户的情况，但在提问的时候一定要掌握一个度，提问不能过于频繁。

因为诊断式提问本身带有一种被审问的感觉，让听的人内心不太舒服，如果多次反复使用，将会使客户产生严重的不适感，甚至是反感。所以不建议太过频繁地使用这种提问方式。

"您真有眼光，我们这款皮鞋有多种颜色，您看您是不是要看看其他颜色呢？"

"我第一眼就觉得您是个很有品位的人，我们店里的产品都是高端产品，您平时喜欢淑女风格的，对不对？我可以帮您推荐一下。"

5.探索式提问

探索式提问可以更好地让客户对你所提问的内容进行反馈，帮助你挖掘到更多有用的信息，进而及时发现问题、解决问题。这种方式看似是在"刨根问底"，但能够挖到客户内心真正的想法以及客户拒绝购买的真正原因，以便之后见招拆招，为客户排忧解难，让客户退无可退。

销售员："先生，您看我们沟通了这么久，您对我们的产品也了解一二了。我想问一下，您为什么不选择购买我家的产品呢？"

客户："因为你家的产品没有其他商家的价格划算！"

销售员："虽然我们的价位看似高了点，但是在选材上、做工上绝不亚于他们。关键在于我们赠送客户的商品比较多。折合过来还是我们的更加划算。您看呢？"

客户："嗯，你说的也有道理。那就定了，就选你家的吧！"

　　总之，当你能够真正学会用提问的方式打开客户的话匣子的时候，在与客户交谈的过程中挖掘客户需求就变得容易许多。当你真正抓住了客户的需求，解决了他们所关心的问题，还愁客户不找你签单吗？

先发制人，主动询问、聆听客户"痛点"

销售人员只有真正懂得客户的需求和品位，才能为客户奉上最令其满意的产品。然而，要想深挖客户需求，并不能单纯地依靠客户主动向你提供信息，当遇到内敛的客户时，你的等待只能是徒劳的、一无所获的。先发制人，主动出击询问客户需求，就像是医生面对患者一般，通过"望闻问切"，才能找到"病因"。

主动询问在专业销售技巧中扮演着极为重要的角色。销售人员不但可以利用巧妙的询问来获取想要的信息，并明确客户的"痛点"所在，而且能主导客户谈话的主题。主动询问是最重要的沟通手段之一，它能使客户因自由表达心声而产生参与感。

但是，询问的目的是为了抓住客户作答的话语中所隐藏的客户"痛点"的蛛丝马迹。所以，你还要掌握倾听技巧，在客户作答的时候认真聆听客户的心声，这样你才能更加接近客户。主动询问和倾听是正确掌握客户"痛点"的重要途径，销售人员如果不能将主动询问和倾听技巧运用得得心应手，那么在开展销售活动时必然也是盲目的。

一条街上有三家水果店。

一天，一位老太太来到第一家店里，问："有李子卖吗？"

店主见有生意，马上迎上前说："老太太，买李子啊？您看我这李子又大又甜，还是刚进回来的，很新鲜的呢！"

然而，万万没想到的是，老太太听完后竟然扭头走了。店主还很纳闷："为什么老太太问完之后就离开了呢？"

之后，老太太走到了第二家水果店，同样问了句："有李子卖吗？"

第二位店主马上迎上去，说："老太太，您要买李子啊？我这李子有酸的，有甜的，您想买酸的还是甜的呢？"

"我想买一斤酸的。"称完之后，老太太就回去了。

第二天，老太太来到了第三家水果店，问："有李子卖吗？"

店主热情地迎上来说："有的，您想要甜的还是酸的呢？"

老太太回答道："酸的，来一斤。"

"好嘞。"店主边称李子，边聊道，"我这里买李子的人一般都喜欢甜的，您为什么要买酸的呢？"

"哦。最近我儿媳妇怀孩子了，特别喜欢吃酸李子。"

"哎呀，那可要恭喜您老人家要抱孙子啦。有您这样会疼人的婆婆可真是您儿媳妇修来的福气啊！"

"怀孕期间当然要吃点好的了，胃口好，营养才能跟得上啊！"

"是啊，怀孕期间营养最关键，不仅需要补充蛋白质，还需要多补充维生素，这样生出来的宝宝又健康又漂亮。"

"是啊，那哪种水果含维生素比较多呢？"

"猕猴桃含维生素成分最多，您看我这猕猴桃个儿大，全都是进口的，特新鲜。您要不要来点给您媳妇尝尝鲜？"

"那好，你再帮我来一斤猕猴桃。"

于是，老太太不仅买了一斤李子，还买了一斤猕猴桃，高兴地离开了。并且每隔一两天都会来这家店买各种水果。

这三位水果店店主分别代表了三种销售人员。可以说第一位店主并不是一位合格的销售人员，只是向客户介绍自己的产品如何好，却没有了解客户需求。第二位店主是一位合格的销售人员，懂得通过提问的方式挖掘客户需求。第三位店主则是一位销售高手，他不仅借助询问的方式了解到了客户需求，并让客户的这种需求得以满足，同时还懂得聆听的重要性，从更深层次挖掘到了客户的真正需求。在这个阶段，店主已经成为顾客信任的顾问，所以顾客会向店主进行咨询，在店主的分析和帮助下解决了问题，从而与店主建立良好的信任关系，成为这位店主的长期客户。

在主动询问客户"痛点"的时候，应当从以下几个方面入手：

1.礼貌热情地询问

待人礼貌热情是最基本的要求。销售人员在向客户询问的时候，脸上要洋溢着热情的笑容，言谈举止要礼貌得体，这样才能让客户感受到自己受到了与众不同的尊重，进而对你产生好感，愿意在你这里驻足。要知道，能让客户驻足并换来之后的成交，完全是依靠优质的服务态度来实现的。

2.深度提问，在客户回答的内容中找卖点

有时候，你所得到的客户需求信息只是表象，而最本质的客户需求还是需要你进一步地通过询问来深挖的。这时，就需要借用你的语言

技巧和策略，从最基础的与产品有关的问题出发进行询问，进而引导客户自己说出其需求背后的真正原因，从而帮助你更好地找到客户的"买点"。这样，你在给客户推荐其他产品的时候就有章可循、有据可依，更有助于产品的销售。

对于销售人员而言，谁能打开关系着客户购买决策的心扉，谁就能最有效地开展销售活动。主动询问并善于倾听，是打开客户内心的两把钥匙。恰当、合理地运用主动询问技巧，你的销售事业将更加顺风顺水。

用拉家常的方式因势利导，唤醒客户需求

不少销售人员一见到客户的时候便会急切地进入介绍产品的环节，可以说这样的销售员是很失败的，这种销售方式也是一大忌讳。因为，人本身是情感动物，在面对陌生人的时候，客户是很不愿意驻足听你侃侃而谈的，甚至会对你的行为产生反感。客户会认为你和他之间只有业务关系，没有任何人情可言，于是往往会直接毫不留情地走开。这对于销售人员来讲实在是得不偿失的。

所以，做销售首先必须学会和客户"套近乎"、拉家常。拉家常是增进客户与销售人员情感的必备手段。与客户拉家常就像是两个老朋友互相关心对方，可以关注对方的身体健康、家庭生活等，但一定注意不要涉及个人的隐私。

艾米是某化妆品品牌的美容顾问，她是一位非常善于观察的人。一次，她要去拜访一位在外企上班的白领杰米娅。其实，杰米娅之前也从艾米这里买过一套化妆品，也可以算得上是老客户了。这次见面的地点正好约在杰米娅家楼下新开的一家茶点店。杰米娅个人喜欢民族风，但平日里工作时都以正装出现。约见当天，杰米娅换了一身自己喜欢的民

族风行头，与茶点店的环境相得益彰，整个画风鲜明地体现了杰米娅的品位与爱好。

艾米看到了这一点，便不着痕迹地赞美起杰米娅的服装很美，并未大肆赞美，宣称自己也喜欢民族风。杰米娅自然很开心地和她谈了起来，她们从民族风服装谈到了民族风服饰，然后又谈到了民族风家庭装修，再谈到了女性经济独立、人格独立……天南地北的话题谈了两个多小时，却对化妆品只字未提。

末了，艾米赞美了杰米娅的皮肤、气色非常不错，杰米娅一高兴，说道："上次从你那里买的护肤品效果真的还是挺不错的。对了，现在那款套装还有吗？"于是，杰米娅不但买了上次买的同款套装，还从艾米这里买了很多昂贵的化妆品。此后，杰米娅成了艾米的老客户，并为艾米介绍了不少新客户。

就这样，一份难能可贵的客户关系就从一次不经意的拉家常开始了。

拉家常看似非常简单，实则非常有学问。需要销售人员练就火眼金睛，才能迅速找到客户的兴趣点和令其骄傲的地方，在增加彼此间信任与了解的同时，更增加了对顾客消费风格和特性的把握，以便于销售活动的开展。那么如何通过与客户拉家常来唤醒客户需求呢？

1.用天气、饮食等作为拉家常的开头

在"没话找话"的时候，天气、饮食往往是最好的开头。中国人见面的问候语经常是："吃了吗？""吃了啥？""今儿天气不错！"等。在销售环节中，同样可以用这些家常话题开头。一句关切的话语中透露出的是与日常生活息息相关的事情，这些话题能让销售人员与客户

更加有话可聊，不至于尴尬。

2.不可忽视对时间的投入

有的销售人员认为与客户拉家常是在浪费自己的时间，不如抓紧时间去快速说服一位客户购买产品。殊不知，一分耕耘一分收获，没有时间成本的投入，又岂能换来交易目标的实现。你在客户身上不惜花费时间与客户拉家常，看似是在浪费自己开展销售活动的机会和时间，但实际上是在为随之即来的一场更加稳定、可靠的产品销售打下良好的基础。

3.注重情感的培养

与客户拉家常看似是在闲聊，实则是在利用这个时机逐渐培养与客户的情感、建立友谊关系。要知道，建立在情感基础上的客户关系会更加牢靠，不易随时崩塌。

4.注重对关系网的利用

关系网在销售过程中的巨大作用是不可忽视的。很多时候，潜在客户往往飘忽不定、犹豫不决，甚至需要销售人员花费很大的精力才能起到一定的营销效果。然而，如果销售人员能够很好地利用老客户大量的亲朋好友这张关系网，那么你的销售活动开展时绝对所向披靡，并且这种情况建立的良好口碑远胜于单枪匹马苦口婆心的大肆宣传。毕竟大众还是更加相信对产品有切身体会的人所发表的看法，因为在他们眼里，使用过产品的人更有发言权，也更有可信度。

提问策略步步为营，诱导客户说出潜在需求

探寻客户需求是所有销售人员在开展销售活动过程中绕不开的一个环节。销售人员一定要记住：在对你的客户一无所知的情况下，切忌随意推销自己的产品，否则会给客户带来反感，让他更不愿意与你建立明确的产品买卖关系。

客户之所以购买产品，是因为对某种产品有一定的需求。对销售人员而言，如何了解客户这种需求并使需求更加明确化是最重要的，也是最困难的一件事，因为客户自己有时候也不能清楚知晓自身需求。

那么如何才能成功挖掘客户需求呢？方法之一就是提问。销售人员可以与客户在沟通的过程中通过有效的问题来刺激客户心理，从而让客户在被提问的过程中将潜在需求说出来。提问的方法有很多种，SPIN提问策略就能步步为营，帮助你成功诱导客户说出潜在需求。

1.S（Situation Questions，背景问题：事情探询，寻找客户的"痛点"）

背景问题提问通常是询问客户的现状，让客户对自身状况进行自我审视，从而明确当前的需求所在。通过了解客户目前的状况，可以判断客户是不是你的潜在客户、是否对你的产品有需求。这些问题问的都是

客户日常生活中的一些活动，当然，这些问题都需要和你所销售的产品有关。同时还需要注意提问问题的数量，否则问题过多会让客户觉得你是在窥探他的隐私。

"您打高尔夫球吗？"

"您在哪里上班？"

"您有哪些方面的爱好？"

"您目前投保了哪些保险？"

2.P（Problem Questions，难点问题：问题诊断，揭开客户的伤口）

向客户提问难点问题，就是对客户当前所遇到的困难、问题和不满进行提问。通常客户的需求几乎都是由其对现存状况的难题或者不满产生的。客户只有产生了需求才会激起购买欲望，需求越清晰、明确，购买的欲望越强烈。通过难点问题的提问，可以让销售人员对客户的各种问题进行明确诊断，确认客户的问题所在，进而掌握客户的真正需求。通常使用5W1H提问法来进行难点提问。

W：What？（什么？）

W：Why？（为何？）

W：Where？（何地？）

W：When？（何时？）

W：Which？（哪个？）

H：How？（如何？）

"您现在对这款洗发水有什么不满意的地方吗？"

"您认为现在所使用的产品存在什么缺陷？"

"您感觉哪里还需要改进？"

"您在这方面比较在行，您认为需要如何改进？"

3.I（Implication Questions，暗示问题：启发引导，往客户伤口上"撒盐"）

暗示问题的提问方式主要是为了扩大客户问题、难点和不满，使其对客户造成的影响变得更加严重，并能够揭示出潜在的严重后果。这就像往客户原本就发疼的伤口上撒盐一般，让伤口从原来可以忍受的疼痛，变为撕心裂肺的疼痛。只有这样，才更能刺激客户主动说出自己的真实需求。可以说，这种暗示询问的方式实际上是一种将客户潜在的、隐性的需求转化为明显性需求的工具。

"您说它难以操作，但如果改进它，对您的使用效果会有什么影响？"

"您认为目前它的功用性不够强，但如果增加功用性，会不会增加您的购买成本呢？"

4.N（Need—Payoff Questions，需求—利益问题，需求认同，往客户伤口上"抹药"）

大多数情况下，在经历前三个环节之后，销售人员会针对客户之前提出的需求介绍自己的产品，对症下药，帮客户"止痛"，进而治愈。但是这种方法并没有很好地征求客户的意见，虽然客户的"痛点"被

"治愈"，但并不表示客户对你的方法和方式完全认同。所以在满足客户需求这一环节，销售人员还是需要借助提问的方式，让客户自己积极主动地提出解决方案。这样，按照客户的思维方式往客户伤口上抹药，问题才能解决得更加完美。

"解决这个问题对您很重要吗？"

"您认为什么样的方式更能解决您当前的需求问题？"

"还有什么其他可以帮助您的办法？"

在各种销售情形中，用提问的方式引导客户说出潜在需求对销售工作的展开有重要作用。销售人员应根据不同的客户类型使用不同的提问方式，从而达到成功销售的目的。

反客为主，用提问引导客户购买

很多时候，销售人员将客户放在核心位置，费尽口舌地一遍遍向客户重复介绍产品功能，却依然无法触动客户内心深处的购买激情。如果换一种反客为主的方式，对客户适当地进行提问，反而能引导客户加速成交。

销售人员应当如何用提问的方式一步步引导客户购买产品呢？下面介绍几种反客为主的提问方法：

1.肯定性诱导提问

肯定性诱导提问是将肯定的语言表达方式与具有诱导性的提问相结合。肯定性的语言表达方式就是要使用正面性用语，如"这款产品在市场中很走俏""很受客户欢迎"等。

诱导性提问是能够吊起客户胃口的表达方式，如"这款产品有大小的区别，但是我个人认为小的显得更加呆萌一些，您是不是也觉得小的更加可爱些呢？"

提问则是要针对客户需求进行的，如"你喜欢……吗？"

2.与类似问题相比较

小斌是学习软件图书的销售员。有一次，一位客户在看了产品简介之后，还想看看所购买软件图书的内容，说："我应该根据所要买的产品内容是否适合我来确定买不买，对不对？"

小斌说："您说得没错，可是出版这本学习软件图书的出版社是非常有名的，我希望您能相信一流的出版社。先生，可以问一下您的笔记本电脑是什么品牌吗？"

客户不解地回答："苹果的，怎么了呢？"

小斌回答说："嗯，您买这台电脑的时候是否会先把它拆开，看一下里面的部件呢？"

客户摇摇头说："没有。"

此时小斌乘胜追击，说道："我想您在看过电脑后，即便认为电脑质量没问题，也是因为相信苹果是一家实力雄厚、有信誉的公司才将其买下来的。同样，您不能在买汽车时也将它的引擎拆下来看看吧？还有，买药的时候总不能把其中一颗药丸拿出来先品尝一下，见到功效之后再决定购买吧？虽然我举的例子是不同的产品，产品价格也不相同，但我认为区分商品的好坏，完全可以从生产厂家的信誉和能力来判断是否值得购买。同样，您买这本学习软件，也大可以信任这家知名出版商的声誉。"

客户被小斌的一系列提问以及义正词严的话语说服了，于是买下了这本学习软件图书。

小斌正是因为善于与类似问题相比较，用一系列的类比提问以理服人，让客户没有"还口之力"。这样，先入为主，将自己放在双方沟通过程中的核心地位，引导客户的思想跟随你的思想一步步前进，让客户认为你说得非常有道理，进而让客户消除之前的疑虑，快速做出购买决定。

3.拆分问题引导

拆分问题引导，顾名思义就是将一个完整的问题进行拆解，并且各个击破，步步引导，以达到让客户信服并购买的目的。当客户认为产品销售价格非常昂贵的时候，使用这种方法十分奏效。

一位家具销售员经常会碰到这样的情况：客户看上一款中意的家具时往往会抱怨价格过于昂贵，所以迟迟不肯做出购买决定。这位销售员对此擅长运用拆分问题的方法来解决客户内心纠结的价格问题。

一天，一位穿着看上去简洁又不失品位的女士来到门店，走到一套家具前看了又看。当这位销售员介绍完产品之后，客户却连说："好是好，就是太贵了，太贵了。"

销售员就问道："您认为贵了多少呢？"

客户回答："贵了1000多元吧！"

销售员接着说："那么现在假设这套家具贵了1000元整。"说着他便掏出了一本随身携带的笔记本，在上面写下了"1000元"给这位客户看。接着销售员问道："女士，您想这套家具您至少会使用10年，再考虑换新吧？"

客户点头道："是的。"

在得到客户的肯定之后，销售员继续说道："那么，依照你所想的，每年也就多花了100元，您说是不是？"

客户感觉销售员说到了自己的心坎里，高兴地说道："是的，我就是这么认为的。"

销售员便趁热打铁，给客户算了一笔账："一年100元，每个月是8块钱多点，就算8.5元吧，您每天至少早上和晚上各用一次吧？"

客户仿佛思索了一下，说道："有时候似乎会更多。"

销售员说："我们姑且按照1天2次保守计算，也就意味着您一个月用60多次。假如这套家具每月多花了8.5元，那么每次就多花0.15元。也就是说，您每天多花三毛钱，就能让室内变得更加整洁、温馨，让您不再为东西没有合适的地方摆放而犯愁，而且还起到了很好的装饰作用，您不觉得十分划算吗？"

客户此时仿佛恍然大悟一般："是哦，你说得挺有道理的。那我就买下了。你们是送货上门吗？"

销售人员回答："当然！"

最终，"家具太贵"这样的问题在这位销售员层层拆分的提问过程中就被逐个瓦解了，客户也开心地买下了这套家具。

4.把问题化繁为简

很多时候，销售人员只要通过一个简单的问题就能了解客户不买产品的理由，从而根据客户的情况选择适当的应对策略。这种方法有助于销售人员克服销售障碍，提高销售成功率。化繁为简的提问方式往往是引导客户购买的最佳方法。

化繁为简的提问方法可以使销售人员不必陷在客户的思路里打转转，而是直接跳出来，让客户根据自己的思路来回答问题。这样，销售人员就可以对症下药，解决客户难题了。

　　"您是否认为付款方式不能满足您的需求？如果是的话，我们可以提供更加符合您需求的支付方案。"

　　"您是不是已经在其他地方购买了？"

　　在借助提问的方式促进客户下单的过程中，用机智的话语灌输产品信息固然重要，但必要的引导则更为重要。其实，客户在面对琳琅满目的商品时思维混乱，是人之常情。如果此时销售人员能够抓住时机，思路清晰地为他们做出高明的引导，成交便会水到渠成。

第6章

三思而后言，会说话更要会思考

在销售中，很多销售人员会出现一种通病，就是讲话不经过思考，脱口而出，经常会因为一句话而毁了一笔业务。有时候说了不该说的话，后果将异常严重。如果能做到三思而后言，在说话之前先去思考什么话可以说、什么话不可以说，那么失言是很容易避免的，销售人员的销售业绩也会突飞猛进。

祸从口出，不可窥探客户的心理禁区

不少销售人员会遇到这样的问题——"到嘴的鸭子飞了"，眼看就要成交了，可能就因为销售人员不经意的一句话，造成了销售的失败。这样的情况着实让人感觉可惜，但是在深感可惜之余，你是否已经真正地感知到、领悟到"祸从口出"这四个字的真正内涵？

的确，很多时候，一件好的事情突然间转向不好的境地，很大程度上是说话失误的缘故。

一对小情侣到某房地产推荐会去看楼盘，想买套房子结婚。他们走到一个楼盘前，一位售楼小姐走过来，热情地带这对小情侣看了好几套房。在得知他们是农村来城市工作打拼的年轻人之后，售楼小姐满怀欢喜地问他们："你们打算什么时候结婚呢？婚后马上就该要小孩儿了吧？是自己住还是父母搬过来一起住呢？"

话音刚落，男孩的脸色就变得尴尬了起来，和身边的女友默契地对视之后没有作答。女孩则含糊表示："现在还没打算结婚，先买了房再说吧。"

售楼小姐又继续说道："买房子可不能凑合啊，一辈子的事情，到时候家长也搬过来，四口之家，房子面积不能太小，100平方米的两居室是非常有必要的，有备无患嘛。"此时，男孩的脸色已变，女孩则是浅浅一笑，回答说："这也只能住一家，我们两家的父母怎么办？"

此时，售楼小姐也察觉到自己挑起了敏感话题，让双方都处于尴尬的境地，于是缄口不语。男孩则拉着女孩的手走出了售楼中心，直奔其他楼盘而去。

这位售楼小姐的失败之处就在于过分探究客户的心理禁区，这种咄咄逼人的方式着实让人反感。客户为了躲避这种尴尬，自然会选择离去。对于这对来自农村在城市打拼的小情侣来说，他们想要买一套房子在城市立足，双方父母居住问题肯定是非常令人头疼的事情，这样的话题也是非常敏感的话题，只适合小情侣关起门来讨论，不适合在大庭广众之下与外人分享。而售楼小姐却为了多卖几平方米的房子增加自己的销售业绩，口无遮拦地将这些敏感问题提出来，显然让自己弄巧成拙。这种情况下，销售人员最好不动声色地聆听客户之间的讨论所传递的信息，寻找适当的时机插话，从而推动客户快速做出成交决策。

所以，在与客户交谈的过程中，切忌窥探客户的心理禁区。具体应当做好以下几个方面的工作：

1.不窥探客户与资金有关的问题

古人云："人为财死，鸟为食亡。"可见金钱对于人来讲是一个难以逾越的坎儿，很多人都将金钱看成人生中最重要的东西，但往往也是人们想要极力保密的东西，以此来寻求安全感。因此，很多人对于自己的储蓄资金、工资薪水等问题都会避而不谈。如果销售人员提到这方面的问题，正好触及客户的心理禁区，是会让客户极为反感的，不利于销售活动的继续开展。

一家苹果专卖店里，销售员看到顾客前来看一款苹果手机，于是问道："先生，您的收入一定很高吧，要不不会买这种手机的，5000多呢！"顾客一听见销售员如此询问，脸上立刻表现出不满的神色，扭头就走开了。

2.不窥探客户的年龄问题

爱美之心人皆有之，尤其是对于女性而言，她们往往想青春永驻，永远"十八岁"，她们往往不愿轻易将自己的年龄透露给陌生人。销售人员在与客户交谈的过程中，谈论和询问客户的年龄，尤其是谈论女客户的年龄，是大忌。

一位女顾客走进了一家女装旗舰店，正在看一条粉红色的长裙。这时，销售员走过来，问道："女士您好，请问有什么需要帮助的吗？"这位顾客回答道："我自己先转转。"显然，这位顾客并不愿意被打扰。然而这位销售员却依然紧随顾客，并说道："看您年龄应该30多岁吧，我给您推荐这几款吧，这几款应该更适合些。"此时，顾客一脸的尴尬，回答说："啊？我26岁！"销售员顿时发现自己判断有误，显然这位女顾客从长相上看比实际年龄偏大。销售员只好闭口不言，而这位顾客也带着一脸的不悦离开了。

3.不窥探客户的婚姻家庭问题

婚姻、家庭状况均属于个人隐私，因此销售人员应当规避这些方面的提问，以免让客户尴尬的同时也将自己置于尴尬境地。

正所谓"三思而后行"，销售人员在与客户交谈时，除了善于运用语言技巧以外，还应当学会思考。在说话前思考一下这样说能否给客户造成尴尬和反感，然后再决定说与不说。否则，总是毫不顾忌地想到哪里说到哪里，难免会有给客户带来不满情绪的时候，这时候你的销售工作也必将受阻。

切勿轻易亮出自己的底牌

"知己知彼，百战不殆。"虽然你了解了客户，可以非常顺畅地开展销售活动，但反过来，如果客户对你的情况同样一清二楚，知道了你的底牌，那么你在与客户之间的这场交易战中是很难取胜的。

所谓底牌，一般是指没有亮出来的牌，是留到最后再动用的强有力的方法。在销售过程中，销售人员与客户之间的交谈犹如谈判一般。你的实力与底线是最后的谈判武器，如果过早地暴露给对方，你就会陷入无路可退的境地；如果你把自己的底牌隐藏得很好，就会成功地掌握主动权，因为他们会对你还有什么武器、还有多少武器而心存忌惮。

实际上，销售人员与客户之间的谈判犹如一场赌局，手中的牌要一张一张打出，而最有威力的那张牌通常要留到最后，给对方致命一击。当然，对方也同样在出牌，你的牌不一定每张都能压倒对方，但只要你能沉住气，保留住底牌，让对方先赢几个回合也不会输掉整个赌局。

吴昊是海尔集团的一名销售员，平时主要负责销售电脑。已经在这个行业打拼了多年的吴昊也算得上江湖老手了。在几年的销售工作中，形形色色的客户吴昊都见过，有的客户在与自己沟通的过程中纯粹是为了打探自己的底牌。吴昊闯荡这么多年可谓久经沙场，这种事情对于他来说完全可以应对自如。

有一次，吴昊前往一家公司去拜访。他认为这家公司刚刚成立不久，一些办公设备还不是很齐全，去这家公司拜访一定会大有收获的。见到了这家公司的主管之后，吴昊热情地问候说："李总您好，近来工作可好？"李总一看是吴昊进来了，便说道："还行，平时就是那些琐事呗。不过前天来了一个销售电脑的，他给出的价格要比你给出的低很多啊！"吴昊已经完全明白眼前这位李总明摆着是要跟自己拉开一场价格战了。于是，机警的吴昊回答说："实惠当然是好事啊，但一分钱一分货，质量过关才能皆大欢喜啊！我今天过来主要是给您送一份我们的报价表，以及您需要的款式和类型的模板，你可以再考虑一下。"李总回答道："好的，我再仔细看看。"吴昊趁热打铁道："价钱您可以放心，我们绝不会比其他市场价格有过大的区别。你们公司的规模较大，所需要的设备台数也相对比较多，我们肯定会给出一个公道的价格。"李总说："你们的电脑经常死机，毛病还挺多的啊！"吴昊一听李总这么说，显然他是在挑毛病，于是回答说："您选择的这个产品是市场上口碑最优秀的一款，我们的产品每三个月就要进行一次免费清洗维护，并且半年免费为您保养，您看我们的服务多周到。据我所知，我们所免费提供的这些服务，其他销售商都会按时间收费的。折合下来，这些费用已经远远超过了我们的售价，您觉得哪种形式对于您来说更优惠、更合适呢？"李总继续说："照你这么说，你们的是挺划算的，不过咱都老客户了，如果价格再低点儿，我就马上下单。"

吴昊听李总这么说，感觉离成功近了一步，于是亮出了自己的底牌：“李总，这个价格的确已经是我们公司最低的了。要不这样，我再免费给你申请一个半年的维修吧！”此时，李总也感觉这些服务比从别家购买划算了很多，而且减少了电脑维修的后顾之忧，便当场签订了合同。

可见，在销售过程中，客户不会总是处于被动地位让你询问的，很多时候他们也会很主动地向你提出很多问题，他们的问题看似不痛不痒，却隐含了更有针对性和目的性的意图，以此来打探你的底牌。

那么，我们如何才能在销售过程中保住自己的底牌呢？

1.不按常理出牌

一个按照人人都能想到的打牌方式出牌的人永远会受人牵制，永远走不出困局，最终必输无疑。要想出其不意攻其不备，就必须打破规律，不按常理出牌，让客户永远摸不透你在想什么、下一步想要做什么。在迷雾弹的轰击下，你能够赢得这场牌局的概率则大大增加。

2.不外露自己的情绪

美国著名心理学家安东尼·罗宾斯说过：“成功的秘诀就在于懂得怎样控制痛苦与快乐这股力量，而不为这股力量所反制。如果你能做到这一点，就能掌握住自己的人生；反之，你的人生就无法掌握。”的确，一个时刻将内心的欢乐、悲痛、生气、愤怒等情绪写在脸上或融进语言中的人，往往在别人面前是透明的。此时，你已经不再是客户所望而生畏的对手，因为从你的情绪中客户已经完全读出了你的底牌。所以，不要在表情和语言中轻易外露自己的情绪，这样能让对方无从对你的底牌做出正确判断。

3.看透对方的底牌

销售人员不但要保护好自己的底牌，还要弄明白客户的底牌，这样才能在谈判中有的放矢。在对方讲话的时候不要轻易打断，不要急于表达自己的观点，要多听客户在说什么，从中分析和了解客户的目的和立场。只要能在销售过程中摸透对方的底牌，你就会对客户接下来想要出什么牌了如指掌，从而更好地保护自己的底牌，明确自己的底牌何时出才能更有胜算。

4.影响对方的判断

通过影响对方的判断同样可以有效保护你的底牌。在必要的时候，你可以适当"造假"，比如向客户暗示产品库存有限或者还有其他客户认为物超所值争相订购等，这些方式都可以混淆客户视听、减弱客户的判断能力，这些都可以延迟你亮出底牌的时间。

销售并非简单的买卖过程，其中蕴含着诸多的门道，学会"隐身之道"，则可以很好地隐藏自己的底牌。这样在关键时刻才亮出自己的底牌，将底牌用在销售的最关键时刻，才能让双方稳妥地达成交易。

矮子面前不说"短话"，别揭客户的短

很多人的短处有时候就是自己心底的秘密。真正聪明的人都有宽广的胸怀，懂得尊重别人，避开别人的短处，绝不拿别人的短处当作话题来说。

古人也说："打人不打脸，揭人不揭短。"可见，自古以来，不揭人短就是衡量道德修养的标准之一。在日常生活中，有些人的揭短行为是故意的，是为了攻击对方或者获得更多的存在感；有些人是无意间脱口而出冒犯了别人。无论是故意的还是无心的，结果却是相同的，揭短终究是一把刺痛人心的利刃，伤人又伤己。

销售人员每天面对的是形形色色的客户，成功拿下的客户越多，就意味着其所积累的销售收益越丰厚。如果销售人员说话不注意，揭了别人的短处，最终客户的心被伤透而选择离开，而你却会因此失去了一次成交机会。每得罪一位客户，就意味着你的收益又有一部分从你的手中溜走了。高明的销售人员对客户的缺陷、隐私等都是避而不谈的，因为他们懂得，这不仅是对客户的尊重，更是让客户对自己有好感并促成成交的基础。

我们可以用医生和患者的关系来比喻销售人员和客户之间的关系。

医生可以拿患者的短处来责骂其不爱惜自己的身体，以此来刺激他们早日康复，但销售人员绝对不能这么做，否则就算你的产品再物美价廉、你的方案再完美，客户都会因此而心生怨恨，不会买你的东西。这就好比在矮人面前不说"短话"，在东施面前不言丑陋一样，一旦说出口，你就必然触到了他们的"雷区"。

那么，如何才能保证在销售的过程中有效避开客户的"雷区"呢？

1.提前侦查了解客户"雷区"

所谓"知己知彼，百战不殆"，销售人员要想在销售过程中不"踩雷"，首先要做的就是全面了解客户，发现客户的禁忌所在。比如客户的身体缺陷、家庭情感危机、工作失意等，这些事情本身就已经让客户感觉头疼不已了，如果你在与客户交谈时又拿出来说，那么你就触及了客户的"雷区"。客户听到这些后内心势必是难受的，情绪上的爆发也是极有可能的。

2.赞美客户看得见的优点

有时候，你本是出于一番好意想要赞美客户，但有时候却让客户认为你在揭他的"老底""伤疤"，让客户心情大为不悦。究其原因，是因为你在赞美客户的时候没有从客户看得见的优点出发，而是想当然地由表及里地主观推断，反而让事情变得糟糕不堪。其实，你根本没有必要大费周章地揣摩太多，用眼前看得见的优点去赞美客户是最好的，还不必担心出错，比如皮肤保养得好、身材保持得好、气色好、穿着有品位等。推断看似富有逻辑性，但往往容易出错，推断出来的结果往往很容易成为彼此间的尴尬。

悠悠是大学毕业的实习生，在销售行业涉世不深。销售经理为了让悠悠能够快速成长，经常在会见客户的时候带着悠悠进行实战演练。一次，销售经理提前预约了一位已经合作多年的老客户，同时也带着悠悠学点销售技能。本来销售经理认为凭着他之前与这位客户积累的友好的客户关系，和这位客户见见面、聊聊天，签合同是顺风顺水的事，但意外的事情发生了。在与客户沟通的过程中，因为悠悠一句不经意的话语，损失掉了一次成交大单的机会。

约见的那一天，悠悠看到眼前这位客户是位漂亮的女士，穿着打扮都透露出一种高贵的气质。此时，悠悠便开口赞美客户："感觉您非常有气质和品位，想必您一定是位贤惠的妻子和温柔的母亲，您的家庭也一定非常幸福美满。"然而，悠悠的话音刚落，这位客户立刻神情变得悲痛起来，随后便转身离去。悠悠对此大惑不解，认为客户实在是没礼貌，不打招呼就一走了之。事实上，悠悠并不知道，半年前，这位客户的丈夫和儿子在外出旅游的时候出了意外，在车祸中离开了这个世界，这件事让这位客户伤痛万分。此时悠悠却自以为是地说了一句"错误的赞美"，让客户想起了伤心的往事，自然毫无继续谈生意的心思。

3.多听少说询问客户意见

在和客户聊天的时候，为了避免不慎踩到"雷区"，最好的方法就是多听少说。一方面，客户说的时候你认真听，会让客户感觉你给了他满满的尊重；另一方面，你在听的时候可以不断搜集各种信息，让自己更加了解客户。销售人员要知道哪些是该说该聊的、哪些是不该提及的，这样才能在交谈的过程中充分尊重客户。

少说就是要管住自己的嘴，不要总是打断客户。少说的同时还要会说，即便你是对的，也应当用含蓄、委婉的语言表达出来。同时还要多征求客户意见，比如请客户吃饭、参加活动都应当询问客户的意见，这些都是销售人员避免"踩雷"的基本要求。

小张是一位善于察言观色并能巧用语言技巧的房地产销售人员，在与客户约见的时候，他通常喜欢多听少说，从而清楚地判断什么话该说什么话不该说。一次，在与一位男士聊天的过程中，小张发现当客户不经意间谈到自己家庭的时候眉头紧锁，并独自沉思了几秒钟。这短暂的几秒以及客户紧锁的眉头，让谈话氛围显得有些冷淡。眼前的情景让小张看出了一丝端倪。因此在后来的谈话中，小张反客为主，为客户推荐了几个绝好的户型，却对客户的家庭等只字不提。客户也逐渐被小张的介绍把思绪拉回了现实，紧锁的眉头渐渐舒展开来，谈话的氛围也逐渐变得热烈起来。经过一番交谈之后，客户认为这位房产销售人员还不错，推荐的户型也都很好，于是选了一个自己最中意的户型，双方达成了交易。事后，经过侧面打听，小张得知原来这位先生刚和妻子离婚不久，所以，家庭、家人这些字眼都是这位客户所不愿意谈及的"雷区"。

的确，每个人或多或少都有缺陷或弱点，可能是生理上的，也可能是隐藏在内心深处不堪回首的经历，这些都是他们不愿被人揭起的"伤疤"或"短处"。在销售过程中，销售人员与客户交谈时需要多听、多观察，回避客户的敏感话题，否则一旦踩中了客户的"雷区"，再怎么去讨好客户都于事无补了。

别把话说满，多给自己"留活路"

俗话说："话不能说得太满。"的确如此，有些话不要说得太满。水满则溢，气球充多了气也会破，所以说话时多给自己留余地，很多事情在紧要关头可以发生巨大的转变。做销售亦是如此。

销售人员在与客户沟通时，事事不能说得太过绝对，不能保证绝对能兑现的事情就不要轻易承诺；在没有实实在在的证据之前，最好不要妄下结论；不要一味地坚持己见，把客户"赶尽杀绝"，让对方没有台阶下。这样做很容易让客户产生不满甚至仇恨，对日后销售工作的开展也绝对不是好事。

韩冰在某家建材销售市场开了一家店。初出茅庐的他本以为在大学学习的电子商务专业知识能给他在销售行业带来很多优势，但事情并没有他想象的那么简单。

有一次，韩冰给一位客户推荐建材产品。当客户对建材的质量进行质疑的时候，韩冰在没有任何凭据或权威认证的情况下拍着胸脯说："您放心，我们的建材都是信得过的产品，从正规渠道上的货，质量绝对没问题。"出于韩冰的产品价格较市场中的同类产品便宜的原因，客户选择从韩冰这里买了一批建材。但是不久后，糟糕的事情发生了。韩冰被告上了法庭！原因是客户从韩冰那里购买的那批建材出现了严重的质量问题，掉落的建材把好几个工人砸成了重伤。然而，韩冰也觉得着实委屈，事实上他的产品的确是从一家上游生产商那里进的货。最终层层追究法律责任之后，上游生产商受到了严重的惩罚和制裁，而韩冰也因此受到了牵连。作为销售商，因为自己当初把话说得太满，而在产品使用过程中又出现了严重的质量问题，客户对韩冰的信任逐渐消失殆尽。最终韩冰的客源不断流失，生意难以为继，只好另谋生路。

大话连篇、空泛不实际的人往往得不到别人的信任。所以，销售人员说话或下保证时应当多给自己"留条活路"。

1.说话不要太绝对

经常能听到销售人员在工作的过程中说话做事很绝对，不给自己留有任何余地；也有人喜欢将"我说得绝对正确，你说得绝对是错误的"作为口头禅。天下没有绝对的事情，很多时候，太过绝对非但不会给人十足的安全感，反而更容易引起他人的反感。因此在与客户交流的时候，即便是对绝对有把握的事情也不要将话说得太过绝对，否则就会将自己推到非常被动的局面，使自己的销售工作举步维艰。与其给别人一个挑刺的机会，何不给自己留一定的余地呢？

2.承诺要谨慎

在向别人做出承诺的时候，一定要保持谨慎的态度。因为一旦你在当初承诺的时候把话说得太满，那么在日后兑现的过程中势必给自己增添诸多泰山压顶般的压力，当自己既无法承受，又无法对最初的承诺进行兑现时，客户就会对你产生极度的不信任。

在销售中，尽量少用"保证""肯定""绝对""必定""没问题"等词汇，多用"尽量""试试看"等词汇代替。这样，即便是你没有兑现当初的承诺，也给自己留了一条后路，这样也不会损失你的诚意，反而显示出你的谨慎，会让客户对你更产生信赖，客户也不会因为这一点点失误而对你有太多的责怪和不满。

小陈经常被同行称赞为"销售圣手"。的确，他在销售领域摸爬滚打的10年里掌握了不少销售技巧，也能够熟练应用各种销售策略应对难以应付的角色。更重要的是，小陈非常善于借助语言艺术达到自己的销售目的。

很多销售人员认为与新客户培养感情是一件非常不容易的事情。但在小陈看来，只要在与客户交流的时候注意自己的说话表达方式和方法，其实也很简单。一天，小陈成功开发了一位新客户。客户高兴地签单后问小陈："什么时候能到货呢？"小陈微笑地回答说："近期这批货销售很火爆，经常出现库存短缺的情况，不过咱们虽然是第一次合作，但我觉得咱们这么投缘，我尽量帮您催催，库存一有补货，我第一个给您发货。不过最近正值雨季，运输道路不是特别好走，这样，我尽量3~5天让您拿到货，您看行吗？"客户高兴地点点头："好，行。"没想到两天后客户就收到了这批货，客户专程打电话过来向小陈表示感谢，说这批货来得很及时，本来有点担心3~5天到货可能会耽误使用，但没想到却提前到货，真是帮了他的大忙，表示希望以后经常和小陈合作。小陈明白，自己又成功赢得了一位新客户。事实上，小陈并没有具体说到货时间是几天，而是给客户承诺尽量3~5天到货。这个时间段是非常有弹性的，可以给备货、送货留出一定的预算时间，但小陈实际上提前一天将货送到客户手中，客户自然觉得小陈的确对他的事情很上心，自然会对小陈深表感激，也愿意和小陈长期合作。

3.说话保持适当的"圆滑"

说话太过耿直的人往往会在不经意间得罪人。销售人员更应该在说话的时候给自己留有余地，这样在遇到困难的时候仍然可进可退、可攻可守，使自己处于主动的地位。这样做虽然不能保证赢得惊天动地，但一定不会输得一塌糊涂。因此，说话保持适当的"圆滑"可以让你从容应对客户，达到销售的目的。

4.说话要有真实凭据

任何时候，有真凭实据的话才更能让人信服。否则，不切实际、有悖常理的言辞往往给人落下口舌，让人抓住把柄，此时再想挽回也晚了。

古人云："处事须留余地，责善切戒尽言。"在与客户交流的过程中，要注意把握分寸，能够时时处处给自己"留条活路"，体现的正是销售高手所具备的大智慧。

与客户争辩，虽胜犹败

永远不要和你的客户争辩，这是一条很简单的真理。销售人员一旦因为一些小事情与客户发生争辩，那么几乎可以肯定地说你与客户的交易就此终止了。对于这一点，虽然道理人人都懂，但是在现实中做起来却是一件相当困难的事情。

每个具有七情六欲的人，忍受能力都是有限的。在一位客户怒气冲冲地走到你面前大发雷霆、抱怨不断并无休无止的情况下，尽管你的理智一遍遍告诉自己要保持镇定、保持冷静，但还是免不了情绪上的大爆发。如果在一段据理力争之后你侥幸取胜了，但销售结果如何呢？终究是以"失败"告终。这个时候即便是你逞一时口舌之快，与客户一较高低最后获得了胜利，但你这一时的胜利却虽胜犹败。因为你与客户无休止地争辩不会解决任何问题，反而还会招来客户的反感，可谓"伤敌一千，自损八百"。即便你在争辩中占了上风，赢得了胜利，把客户反驳得哑口无言、面红耳赤、无地自容，但你在伤了对方的同时自己也受到了伤害——失去了一个客户、丢掉了一笔生意，还降低了你在客户心目中的形象。所以，销售人员一旦与客户之间发生争执就不存在谁"赢"谁"输"了，因为结果只能是"双输"。这样两败俱伤的结果必然得不偿失。

一家水果店里突然疾步走进一位中年男顾客，手里拎着一个红色包装袋。一进门，男顾客就冲店老板嚷嚷："你看看你店里卖的是什么甘蔗，里面都有红心了！这样的甘蔗还往外卖？吃坏了人你负得起责任吗？"这时正是晚上下班时间，同时也是购物的高峰时间，水果店里有很多顾客。店老板听了这位中年男顾客的话心里十分不痛快，于是，店老板说："买的时候你自己没好好看吗？我可是当你的面儿给你切成一段一段的，当时哪有红心啊？要是有你不早就要求我给你换了？"中年男顾客一听一下子急了："你的意思是我的不对，是我专程来找碴来了？满打满算也就十块钱的东西，我至于为这么点钱专门来找你的碴？"店老板也不依不饶："我可没那么说，是你自己心虚，自己说的。"中年男顾客马上把甘蔗往地上一扔，双脚使劲地踩了上去，边踩边发狠话："是我愚蠢，到你店里买甘蔗，下回我再也不给自己添堵了！"店主一看也急眼了："甘蔗买走怎么处理是你自己的事情，要踩扔到外边去，别在我店里耽误我生意。"这样，两人一来二去，吵得不可开交。店老板生意也不做了，两手叉腰和中年男顾客对吵。正在水果店购买水果的顾客看到这种情形，也都皱起眉头纷纷离去了。

显然，无论是这位中年男顾客还是水果店老板，在争吵一番之后谁都没有得到任何好处。所以，销售人员切忌与客户争辩。那么，遇到客户怒气冲冲地前来与你争论的时候，应当如何巧妙应对和化解呢？

1.用微笑化解矛盾

微笑是人际关系的润滑剂。一名销售人员首先要学会保持微笑。当客户带着一股怒火来找你发泄的时候，你应当用真诚的微笑去面对客户，打动客户。俗话说"伸手不打笑脸人"，此时你的微笑已经将客户的怒火浇灭了一大半。

2.克制自己的情绪

人们常说"冲动是魔鬼"。当着很多客户的面与其他客户争吵，就等于向众多客户下"逐客令"，这种做法无异于"自杀"。客户很容易因此而不愿进店购物，你也无法聚集人气。久而久之，你的生意会变得越来越冷清。

因此，在销售过程中，你一定要学会控制好自己的情绪，不要冲动。学会了忍耐，即便在客户怒火冲天的时候，也能够用自己的沉着冷静客观分析客户的观点，尽快找到解决问题的最好办法。

3.用道歉换取谅解

人们常说"顾客是上帝"，因为销售追逐的就是利益，而利益的来源就是顾客。因此，无论谁对谁错，都要尽量避免发生正面冲突。

如果错误出在自己身上，就要放下面子，主动向客户道歉，换取客户的谅解。当然，有些错误确实是客户造成的，此时你也要先做出让步，向客户道歉，诚恳地说声"对不起"，以此消除客户心中的愤怒。这样虽然自己受了委屈，却可以息事宁人，让生意继续进行。

在向客户道歉的时候，一定不要用"犀利"的话语，否则会加剧客户的"火药味"和敌对感。这样不但不能说服客户，还会让你与客户之间产生进一步的摩擦，乃至断送了自己的成交机会。

Part 2

行为暖心，为客户服务是一门技术

第 7 章

提升议价能力，巧妙应对讨价还价

在销售过程中，客户讨价还价是常有的事，那么如何才能巧妙应对他们的讨价还价呢？这是对销售人员的一种考验。很多时候，销售人员在过五关斩六将之后，好不容易走到了成交的紧要关头，客户却开始和我们拉开了一场价格商讨战，双方僵持不下，让销售人员感觉非常苦恼。这时候我们需要充分分析客户议价的原因，巧妙地提升自我议价能力，有效应对客户议价。

重点突出产品卖点，让客户不好意思还价

销售人员在向客户推荐产品的时候应该最关注价格和卖点。客户购买产品时，一方面会关注产品价格，另一方面看的就是产品是否有卖点。卖点是成交的关键，有卖点的产品才更具购买价值，才能让客户产生迫不及待要购买的欲望。如果一件产品没有卖点，即使它再便宜客户也不会埋单，毕竟没人愿意花钱买一件没有任何卖点、没有任何价值的东西在一旁闲置。

可见，在销售过程中，让客户清楚产品的卖点尤为重要。那么什么是产品卖点呢？所谓产品卖点，其实就是我们的产品与其他产品相比较所具有的差异性。没有比较就没有特点，比较优劣的基准是能否为客户提供更多、更好的服务。只有尽全力突出产品的卖点，让客户真正感受到物有所值，他们才会不好意思开口还价。

那么如何才能提炼出产品的卖点呢？这是广大销售人员最为关注的问题。

1.从产品自身角度进行提炼

产品的基本功能是与客户的核心利益息息相关的，影响着客户的购买决策。产品的核心卖点必须紧扣客户的需求，这样才能灵活应对客户

议价。

比如你售卖的是面膜。面膜是女性消费比例最高的护肤品，一般女性最关心的是产品的功效。据调查，99%的女性用户最关心的是如何能够让自己保持青春白皙的面庞。她们对于面膜的抗衰、美白、补水功能要求非常高，而且还需要保证产品纯天然、安全、放心。既然客户有这些方面的需求，销售人员就可以找到与这些需求相关的产品卖点，先发制人，时刻向客户灌输产品卖点，让其为之心动，不好意思再讨价还价。

诗诗是一位新来的化妆品导购，负责一叶子面膜的销售。每天，诗诗需要面对很多顾客，不但有各个年龄段的女性顾客，还有不少男士前来咨询和购买。诗诗发现，由于一叶子产品是这几年新上市的产品，所以很多顾客在购买产品前会有很多疑虑，尤其是对于面膜的安全问题颇为担心。

为了更好地为顾客答疑，也为了提高产品的销量，诗诗下班后通过查阅资料、咨询使用过一叶子面膜的好友等方式对这款面膜有了更多的了解和认识。

一位年轻漂亮的女士走进店来驻足在一叶子面膜的专柜前，此时诗诗主动上前询问客户的需求，在攀谈了几句之后，这位顾客问道："我看电视广告做得非常火，就是不知道安全问题有保障吗？会有其他隐形的化学物质刺激皮肤吗？前阵子听说有人用了不知道什么牌子的面膜，就像给皮肤吃了鸦片一样，一旦不用，皮肤就显得衰老了很多，还起红斑。想想就很恐怖。"

诗诗带着微笑回答说："女士，这个您大可以放心的。虽然一叶子面膜是市场上的新产品，但它是韩束公司推出的一款护肤品牌，韩束作为国内知名化妆品牌，每一款新品都会有一个最大的亮点。相信不看综艺节目的观众可能不会知道，但经常看综艺节目的观众就比较熟悉的。"诗诗停顿了一下，仔细观察了这位顾客的表情，此时顾客会意地点了点头。诗诗从顾客的这一举动就能判断出，这位顾客已经对她刚才讲的一番话表示认可了。客户又问道："那你便宜点，我买点回去试用一下，效果好的话还来。"

于是，诗诗乘机继续说道："一叶子的核心卖点就是用科技凝聚天然果蔬的美肌养分，释放新鲜的力量，让每位使用它的人，无论女性还是男性的皮肤都能时刻保持新鲜水嫩，就像给皮肤喝了水一般。另外，一叶子的理念就是自然、环保，每一份成分都是从自然花卉中提取出来的，生产地、种植、采摘、压榨、风干、提取等各个环节都是经过严格把控的。"

"嗯，这个我看电视广告介绍过。"

"是啊，所以不少女性表示，她们使用这款面膜的主要原因就是因为它是纯天然的，是从绿色植物中提取出来的，完全体现出产品的安全性。这是其他产品所无法比拟的，因为它是安全的、纯天然的，这么好的产品，您在其他地方花再高的价格都是很难买到的，毕竟一分价钱一分货，我们的成本也都在那里呢。另外，今天是店庆的最后一天，为了回馈新老客户，产品9.5折，明天就恢复原价了，您现在买是最划算的时候，保证您今天花钱买了我们的产品不会后悔买贵了。"

此时，客户在诗诗的一通产品卖点炮轰下，已经全然没有还价的借口了，回答道："嗯，那好吧，我就先来两盒试试效果。"

"好的，您感觉好用的话，下次再来算老顾客，我给您送赠品。"

诗诗从产品角度提炼产品卖点，显然让客户为这些卖点所折服，因此客户也就不再继续议价了。

2.寻找共性中的细分领域

如果你能将共性的产品特性很好地挖掘出来并传达给客户，是可以影响客户的购买决策的。普遍性的产品利益点一般不会受到客户的关注和重视，但是如果能从产品的某一细分领域出发，配以巧妙的语言表达，一样能够达到很好的预期效果。

比如销售农夫山泉矿泉水，虽然和普通的矿泉水一样，都是饮用水，表面看没有任何特别的地方，但是你可以从"有点甜"入手，将这一细分特点作为产品的卖点，同样能够吸引顾客，刺激顾客花钱购买产品进行品尝体验。

3.亮出同类产品中唯一具有的特性

如今，消费者在购买产品的时候已经不再像以前一样单纯地考虑产品的使用功能和品质，而是更加追求个性化需求的体现。这也是非常符合心理学家马斯洛的需求层次理论的。

产品具有差异性才能突出产品与众不同的卖点。这种差异化具有排他性、独占性，既可以作为常规卖点，也可以是产品的核心卖点。既然这种差异性是同类产品中独一无二的，那么你完全可以在销售的过程中向客户展示这一卖点，让客户知道这一卖点是非常值得出价购买的，如果客户一味地沉浸在讨价还价中，则很有可能会错过这样的稀缺产品。

　　一对情侣来到旅游度假村准备入住。他们看到有一家名叫"木西"的酒店很是特别，单从外部装修风格就能感受到它的与众不同。他们怀着探求的心理走进这家酒店，店员非常热情地上前迎接，并问道："您好两位，一看您二位就是从大城市过来度假的吧？"男士回答："是。"接着店员向这对情侣说道："的确，现在大城市生活节奏太快，很多人会感觉枯燥、乏味，同时也会感觉到人情冷漠。"这位男士回答说："是啊，的确如此。所以我们出来度度假，放松放松。"店员接着说道："那您来我们酒店可真是再适合不过了。您知道为什么吗？"店员看了看这对情侣的表情，顿了顿，继续说道："我们的酒店名叫'木西'，从消费者情感需求和自身利益出发，融合市场中不同类型酒店对消费的情感需求，引起消费者情感共鸣，达到心灵栖息的身心需求。想必您从我们酒店的整体装修风格就可以看出我们的理念。现在，大城市的年轻人平时工作节奏很快，身心不能得到放松，我们酒店正是完全站在顾客的立场上，为顾客打造一种心中想要的能够放松身心的，能够感觉到温馨、体贴、有健康意识、富有生活情调的休息场所。"男士点点头说道："听起来不错。"店员又说："所以，很多年轻人都喜欢我们这种酒店风格。我们这里尤其到了节假日，爆满。"女士似乎有些心动了，问了一句："房价多少呢？"店员回答道："房价是850元。"女士有些犹豫地说："太贵了。"店员看出了女士的心思，趁热打铁地说道："您也看到了，今天的客房一直爆满，很多人想订都订不到，而您二位今天很幸运，刚有一位顾客退房，现在只剩下这一间，您正好可以入住。要不我帮您订下？您也知道，现在是节假日期间，房间比较紧张，很可能前一秒您还在这里纠结，后一秒已经有房客在网上预订了，那样您可就真的错过了。再说，虽然价格您可能觉得会稍微贵点，但是能让您走出纷繁嘈杂的环境，享受这美好的宁静与放松，这份惬意是您在平时很难享受到的，这个价格也是非常值的。"于是，两位情侣果断表示愿意体验一下这种与时尚、潮流接轨的与众不同的酒店。

销售人员推销产品的时候，一定要对产品的功能、各项技术指标以及特点了如指掌，这是一名合格的销售人员必须具备的基本功，只有具备了这样的基本功，才能在为客户推荐产品的时候，亮出产品的卖点并将其向客户重点讲解和展示，以达到不同凡响的销售效果，让客户没有还价之力，心甘情愿地埋单。

多谈产品价值，让客户为价值埋单

某小区发生了一起盗窃事件，物业为了增强小区的警备能力，不得不发起众筹，于是贴出了这样一个通知："最近小区发生了多起盗窃事件，为了增加小区的警备能力，请每位业主缴纳5元。"

这样的通知在小区的每个出口处都张贴了，然而一个礼拜过去了，却只有很少的几个人前来缴纳这5元的费用，绝大多数人都是事不关己高高挂起的姿态。虽然是微不足道的5元，却没有几个人愿意缴纳。

后来，物业改了一下通知语："之前的事故是一个惨痛的教训，新配备的12组摄像头、4名巡逻保安，以及新式电警棍，只需要每人拿出5元钱，就能让我们的安全和财产在这里受到极大的保障！你愿意吗？"这次，小区里98%的业主都主动缴纳了这笔费用，并且很多人还愿意多缴纳一部分。

这个案例向我们说明：多谈价值，少谈价格，你将获得意想不到的收获。开始时，业主之所以不愿意缴纳这5元钱，关键在于物业没有明确给出业主缴纳这5元钱能够换来的价值和回报。

要知道，人的一切行为的出发点都是受利益所支配的，只有能让他们感受到有利益在"召唤"他们，在付出和利益或价值同等的情况下，他们才会为利益或价值埋单。

因此，作为一个对自己的产品又精又专的销售人员，必定对自己的产品品质、价值了然于胸，并且在与客户交谈的过程中多谈产品价值、少谈产品价格，才能让客户感觉物超所值、羞于讲价，这样才会降低客户讨价还价的可能性，进而乐意为产品的价值埋单。

那么，销售人员在与客户交谈时，如何向客户传递产品价值呢？

1.将细化的产品价值传递给客户

给产品塑造价值的目的就是让客户能够真真切切地感受到产品的价值所在，笼统的说辞是很难向客户说明产品真正的价值的。

白冰是一家英语培训机构的销售人员，每逢寒暑假来临之际就是白冰工作最忙的时候。因为这时正值学生放假，也是白冰挖掘客户的最佳时机。

一天，在一个小区大门外，白冰遇到了一位老太太正带着自己的孙女出去。看到白冰在和小区的居民聊天，就凑热闹上去问白冰："姑娘，你这是英语培训机构招生呢？"孙女拉了拉奶奶说道："走吧奶奶，要晚点了。"白冰满面笑容地回答："是的大妈，您家孙女长得真漂亮，快上初中了吧？"老太太回答道："是啊，孩子偏科，英语成绩不理想，怕耽误上重点高中。放假了，给孩子弄个补习班上上，这不，正打算去报名。不过，现在很多补习班光收钱，不见效。去年孩子上了一家，成绩就没起色。你们现在的这些培训班、补习班很多都是为了骗钱收费的，不去吧又怕错过好机会，去吧不见效，又让人头疼。"老太太虽然爱唠叨，却说出了自己的心声，有需求也有不满。白冰也早已明白了老太太的心思，就说："您看我们这个英语培训班，一个月内让您孩子快速提升10分的成绩，让孩子轻松学英语，不再为学习英语犯愁。站在您旁边的这位王姨，她家孩子去年在我们机构学习了一个暑假，第一次考试成绩就提高了17分。"老太太惊叹道："呦，提高不少呐。"王姨在一旁也表示确有此事。老太太急忙对孙女说道："朵朵，咱今天不去那家了，就在这家报名。"

试想，如果白冰只是轻描淡写地说："您看我们这个英语培训班，可以帮您孩子快速提高英语成绩。"显然，老太太也只是听听而已，不会给予多大的关注。然而白冰跟老太太沟通时的表达方式显得更加详细、具体、细致，老太太在听后就能够清晰地感知到这个英语培训班所蕴含的价值，可以感知到这个英语培训班可以给其带来什么样的利益。

所谓将价值细化就是将产品或服务进行分解，让客户完整地知道产品可以为他带来什么样的价值和利益。很多时候，销售人员只是在向客户展现产品使用可以带来的结果，却没有告知客户其中蕴含的巨大价值，必然不能在短时间内赢得销量的大幅度提升。

2.让客户拥有物超所值的体验

在销售中，物有所值是客户期待的一种心理体验，这样他们会认为买对了、买值了。所以，客户看似是在买产品，但实际上是在购买产品所蕴含的实用价值。从这个角度上来讲，销售人员要充分给客户一种物超所值的感觉。

　　某鞋油生产商有一批鞋油急需出售。销售部门想了一些促销方法，但最后感觉效果不尽如人意，因而绝大多数销售员都选择了放弃。李想是销售部门的"智多星"，他灵机一动，想到了一个妙招。他先去进购一批廉价雨伞，然后联合其他销售人员推出"高级鞋油，出厂价5元，买两盒送一把高档雨伞"的促销活动。销售活动异常火爆，鞋油很快售罄，厂家也因此获利颇丰。很多人对李想的这种买赠活动能够产生如此火爆的销量的方式十分不解。因为以前也做过买一赠一的活动，甚至鞋油1元的价格也都卖过，但销售效果却不尽如人意。李想解释道："在当地，最便宜的雨伞零售价也需要10元，由于雨伞是日常必备品，所以在人们眼中就相当于10元人民币。因此，加入这次促销活动，对于消费者来说是稳赚不赔的。至于鞋油，虽然先不论质量好坏，但因为白送了雨伞使得用户的潜在收益很大，毕竟宣传的是高档鞋油。这样事情就变成了在满足需求的基础上所做的锦上添花的好事，自然受到众多消费者的响应。实际上，雨伞的批发价格也就4元，一盒鞋油的成本也就5角。这样一个'买二送一'的套餐成本也不过5元，厂家稳赚5元，100%的利润就得手了。"

　　在客户明确产品价值以及感到物超所值的时候，已经间接地表明你在应对客户议价方面的能力已经有所提升。这样在客户还未讨价还价之前，我们就已经先发制人、将路铺好，让客户没有讨价还价的机会，并且还会认为自己花同样的价格买到了更加心满意足的高价值产品。

审时度势，选择适当的报价时机

在销售过程中，客户在关心产品品质之余更关心的问题其实是价格。此时对于销售人员来讲，如何报价就成为决定销售成败的关键。如果你在还没有谈妥细节之前就急于将产品价格提前告知客户，很有可能给客户带来心理压力，进而降低客户的购买热情；如果你在客户发出成交信号的时候没有把握好时机，就会贻误最佳报价时机，成交机会同样会与你擦肩而过。

销售人员要学会审时度势，选择在适当的时机报价，才能让你的销售事业无往不利。

销售员A："我们的产品采用了特殊材质，经过高温技术加工而成，每平方米50元。"

客户："50元是不是有点贵了？能便宜一点吗？40元怎么样？"

销售员A："不能再降了，这是成本价，再低生意就没法做了。"

客户："难道一点缓和的余地都没有吗？"

销售员A耸了耸肩，表示没有回旋余地，因此惹怒了这位客户，生意就这样溜走了。假设还是相同的生意，经验颇丰的销售员B来应对，情况就有很大的回转。

销售员B："我们的产品每平方米60元。"

客户："太贵了，便宜一点吧。"

销售员B："我们的价位已经很低了。那您的心理价位是多少呢？"

客户："便宜10元吧，能便宜我就要了。"

销售员B："要不这样吧，我们各退一步，55元。"

客户："5元太少了，就便宜10元吧。"

销售员B："那好吧，就照顾您一下。用得好的话以后再来啊。"

虽然也是50元成交，但销售员B能够审时度势，在适当的时机适当报高价，让客户感觉到自己是这场价格战的胜利者，更为该客户日后的重复购买打下了良好的基础，可谓一举两得。

可见，要想规避客户讨价还价，巧妙地报价是关键。那么具体如何才能做到审时度势，在适当的时机给出报价呢？

1.分清客户类型，针对性报价

对于那些漫无目的的、对行情一无所知的客户，可以将价格报高，留出一定的砍价空间；对于那些不知道具体某一产品的价格但知道该行业销售环节价格规律的客户，应当适度报价，做到高低适度、在情在理；对于那些知道具体价格并能从其他渠道购买到同一产品的客户，应当在不亏本的前提下尽量放低价格，留住客户。总之，针对不同类型的客户，选择不同的报价方式。

2.因时因地因人报价

（1）在不同的时间接待客户，报出不同的价格。当客户正忙得不可开交时，我们可以报一些模糊的价格，让他们对该产品的价格有大概的印象，详细情况可以另找时间协商；当客户已经明确了购买意向时，我们应当抓住时机报出具体价格，让客户对价格有一个清晰的了解；在同行业务与人员较多、竞争激烈的时候不宜做出报价。因为此时报价的话，竞争对手会对我们的价格了如指掌，趁机将其作为一个攻击的突破口，反而不利于我们拿下客户。

（2）在恰当的地点报价。报价本身属于一件比较严肃的事情。通常，在报价的时候应当选择正规的场所进行，如办公室、会客室、咖啡厅等，否则会给客户一种随随便便的感觉。

（3）把握好向谁报价。报价属于商业机密，因此在报价之前应当先找准关键人物，即能够"做得了主"的人。否则向做不了主的人报价只能是徒劳，甚至泄露机密，可能产生适得其反的效果。

对于销售人员而言，做好报价工作是销售成败的关键之一。如果能够做到审时度势，选择适当的时机进行报价，那么你的成功就在眼前。

优势对比，提高客户的心理价位

俗话说："不怕不识货，就怕货比货。"还有一句话说："没有对比就没有伤害。"的确，看似相同的东西只要拿出来对比一下，好坏就完全显现出来了。

销售人员完全可以通过寻找参照物，借助对比的方式凸显产品价值。单拿一件产品向客户描述其价值所在是很难让客户信服的。如果能找竞品做对比，其价值就会明显体现出来，这样就能加强客户的认同感，提高产品在客户心理的价位，从而使客户快速做出购买决定。在向客户推销产品的时候，学会用对比的方式提高客户的心理价位，能给消费者一个更加合理的、不议价的理由。

在用对比方式提高客户心理价位的时候，有些优势是产品本身所具有的，有些是需要人为进行创造的，所以销售人员应当学会熟练应用以下几种对比方式：

1.价值对比

（1）与过去的解决方案对比。比如你的产品是衣物洗护产品，过去人们使用的是肥皂，后来是洗衣粉，如今是洗衣液，这样的产品不断更新升级，最容易让客户有感觉、有体会。如果你的产品中融入了创新元素，就可以着重将创新点作为对比的优势进行全面介绍，从而让产品价值占领客户的内心高地。

（2）与竞争对手对比。如果你的产品与竞争对手的产品相比拥有极大的优势，那么就可以大胆地将这种优势作为产品的价值，直指竞争对手的软肋并放大自有产品的优势，让客户感受到你的产品所蕴含的价值比其他同类产品的价值要高出很多。

　　林女士逛商场的时候被一款造型别致的手电筒吸引住了，它小巧玲珑，造型新颖，看上去十分可爱。林女士对它爱不释手，一旁的久经沙场的销售员张倩倩看到林女士思虑再三的样子，上前推荐说："这款手电筒是新上市的，很可爱，便于携带，买一个吧？"

　　林女士说："嗯，是挺可爱的，就是我不缺手电筒，我已经有好几个了。"张倩倩听了林女士的回答后并没有放弃，而是继续说道："像您这么时尚的女士，穿着高跟鞋，晚上回家的路上仅仅靠路灯微弱的光走路是很容易崴脚的。有了这把手电筒，就可以帮您解决这个问题。另外，您看，我们这个产品并不仅仅是手电筒，它还有更加强大的功能，就是'防狼功能'。这样即便白天不用照亮的时候，也可以用来防止色狼的骚扰。这可是市面上其他手电筒几乎没有的功能。我们这款手电筒很走俏，平均每月都有3000多位客户将它带回家。想想吧，这款手电筒不仅可以给您照亮前行的方向，还可以给您的人身安全带来保障，而且价格又不贵，您何不来一个呢？"

　　林女士似乎心动了。此时，张倩倩趁热打铁，继续说："还有，您如果确实用不上它，还可以买过来送给其他朋友、姐妹们啊！这样精致、贴心的手电筒作为礼物赠送他人，也会让人感觉十分暖心呢。"

林女士听后，觉得张倩倩说得很在理，就不再犹豫了，一次性掏钱买下了五把这款手电筒，开心地离去了。

（3）与客户不采取行动的对比。你可以告诉客户，当他购买产品时可以获得什么好处，同时也告诉他如果不买将会有什么样的损失。这种对比方式需要一针见血地直指用户痛点，让客户明白：如果不采取行动，将继续忍受这样的"痛"。在直指用户痛点之后，你还需要分析痛点，甚至放大痛点，这样客户才能被痛点真正刺痛，才会有所行动。

2.价格对比

（1）产品价格比同类产品要高。如果你的产品价格比同类产品的价格要高，就可以与其他商家的同类产品做比较，从产品品质、售后服务等各方面给客户做一个权衡，告知客户，价格虽然高一点，但是买后没有后顾之忧，不必担心产品会给日后的生活带来不良影响。

（2）产品价格比同类产品低。一些客户认为销售员拿价格较低的产品跟一种价格更高的同类产品做比较，在产品品质、售后服务等方面相同的情况下，价格低的产品更具优势。

所以，在销售产品的时候，我们一定要触类旁通，要充分掌握其他同类产品的价值、价格、服务、品质等各方面资料，以便向客户提出一个更加有说服力的比较，引导客户正确看待价格差中间隐含的内在本质，从而用事实来向客户证明：购买我们的产品是物有所值的。

价格拆分，给客户占了大便宜的感觉

很多时候，客户看中了产品却还想再多占点便宜，因此与销售人员就价格问题展开了一场"舌战"。销售人员要想在这场"舌战"中取胜，价格拆分不失为一种有效的方法。

价格拆分，顾名思义就是将产品的售价进行拆解，并且步步引导、层层击破，以达到让客户心悦诚服并愿意原价购买的目的。当客户认为产品销售价格非常昂贵的时候，这种方法十分奏效，可以让客户认为即便按原价购买，其实自己也是占了大便宜的。

通常情况下，价格拆分法有以下两种形式：

1.用较小的单位价格报价

从心理学角度来讲，一个人对较小的事物更容易接受并做出相应决定。也就是说，当一个人在面对较小的决定时一般能够更加容易地做出肯定的反应。销售人员在与客户谈价格的过程中完全可以充分利用这种心理学效应，将产品的整体销售价格进行化整为零的操作，并经过一步步推理和计算，告知客户其实产品的价格是相当划算的，甚至让客户知道自己花小钱却办了大事。这样客户才会产生一种数字上的错觉，以便于销售人员在客户容易接受的时候巧妙地促成成交。

2.用较小单位的商品价格进行比较

同样，这种方法也是将产品的整体价格进行拆分，之后再利用优势对比的方法，用较小单位的商品价格与其他同等价格的产品进行价值比较，让客户心服口服地按原价购买你的产品。

万芳是一位电冰箱销售员。她发现，不论产品多便宜，顾客都会或多或少地尝试还价。在销售行业干了多年的万芳对这种情况已经司空见惯了，也总结了一套巧妙应对客户讨价还价的方法。

一天，一位男士走进店来想购买一台冰箱，问万芳："这款冰箱这么大块头会不会特别费电啊？你给我打个折我就买了。"万芳边用手引导客户的视线，边回答道："不会的，这个跟块头大小没有关系，跟机芯有关系。您看现在的冰箱在门体上会贴有一张能效标识，上面有该冰箱的耗电等级。这款冰箱的耗电等级是1级，是最省电的一款。使用这款冰箱平均每天才需要0.2元的电费，只是吃一块糖的钱。您再看前排一款看似外表和这款长相相似的冰箱，它每天平均用电0.5元，而两款冰箱价格上只差了200元。我给您算一笔账，如果买前排那款，虽然看似现在省了200元，但是您看中的这款每天0.2元电费，用1000天，也就相当于不到三年时间，它就帮您就把这个差价补回来了。按照一台冰箱您至少使用8~10年的时间再换新来计算，相当于在第四年开始它就已经在变相地为您赚钱了。您想想，您买它是不是更划算呢？"顾客一听，的确是这个道理，买这款占了大便宜，于是欣然买下了。

  这种价格拆分法使得商品价格分摊到了使用时间或使用数量上，使得价格显得微不足道，非常便于客户接受，销售人员一定要学会使用这种方法来提升自己的议价能力。

第8章
看碟下菜，差异化应对不同棘手客户类型

做销售，不仅要掌握各种技巧，还需面对各种棘手类型的客户。在这个"顾客是上帝"的年代，你不仅要为"上帝"带来高品质的产品和服务，还要学会洞察客户类型。这样的销售人员才是当之无愧的销售高手。

难缠型客户：以退为进方为上策

销售人员处于产品销售的前沿阵地，在与客户近距离接触的时候往往需要有过硬的业务技能，还需要有超强的心理承受能力。不同的客户必然有着不同的性格，遇到难缠的客户也是销售中经常的事情。

在这类客户面前，无论你的产品有多好、服务有多周到，他们总是能够找到各种理由让你很难在短时间内达成交易。面对这类客户，你要做的就是积极应对，而以退为进则是一种非常明智的做法。

面对难缠型客户，你需要掌握一些以退为进的应对方法和措施：

1.要有耐心

难缠型客户之所以被冠以"难缠"的标签，很多时候是因为他们能够给销售人员带来"烦死了"这样的心理。然而，正是因为这类客户让人感觉"很烦"，所以销售人员在介绍产品或者为其提供服务的时候要更加耐心。因为，耐心是服务客户的首要原则，是赢得客户满意、使客户从"有意拒绝"到"乐意接受"的关键。

所谓耐心就是不急不躁、不厌烦，在遇到难缠型客户时要做到百问不厌、百事不烦。不要计较客户的语言轻重和态度好坏，只要自己处处表现出耐心、使客户满意，再难缠的客户都会被你感化的。

一天，保险业务员唐欣去一家烟酒商店拜访。这家烟酒店是投保的新客户，但投保额非常小。唐欣认为这已经是第二次拜访客户了，于是穿着打扮就随意了些，帽子也戴歪了些。因为唐欣认为这样的穿着更加随意、更有亲和感。

但没想到的是，这家烟酒店的老板是一位上了年岁的男士，看到唐欣这样的打扮便感觉唐欣这人太随意了，肯定态度也是非常不端正的，于是生气地告诉唐欣：本来自己挺信赖唐欣所在投保公司的，没想到唐欣以如此的态度对待客户，很没礼貌，所以感觉很失望，表示不愿意在唐欣所在公司继续投保。

唐欣听完立刻深深地鞠了一躬，向这位老板表示真挚的歉意，并耐心说明自己本来觉得这位老板已经是老客户，所以就把老板当成了自己人，穿着就随便了些。为了表示自己的诚意，唐欣又连鞠了两躬，再三请求老板原谅。这时，老板的神情才稍有缓和，说道："小姑娘，我刚才也有些鲁莽，我刚才大声责骂你是为你好，我不会介意的。不过你如果这样去别人那里拜访，别人肯定以为你没有诚心。我之前不是投保了5000元吗？我看我的保额就增加到3万元好了！"

正是唐欣对自己的行为举止表示深深的歉意，用自己诚恳的语言和行动打动了客户，让客户从最初的"抗拒"转为"欣然接受"，并达成了超预期的交易效果。

2.要讲究技巧

应对难缠型客户的过程实际上是一个与其巧妙周旋的过程。然而，在这个过程中你不仅不能得罪客户，还要照顾到自己的利益。如果你能够在两者中找到平衡点和突破口，那么你就找到了应对难缠型客户的法门。应对难缠型客户虽然谈不上大型商务谈判中的心机和谋略，但也需要讲究技巧。

3.给对方台阶下

俗话说"人活脸，树活皮"，每个人都好面子。对于难缠型客户，销售人员更需要多考虑对方的"面子"问题，给予其足够的尊重。给客户台阶下，也是给客户面子的一种方式。哪怕是对方错了，也要毫不例外地给对方一个台阶下。

4.尽量满足客户的需求

从客户的角度来讲，他们花钱不仅买产品，而且买服务。很多时候，客户都会想要受到更加热情的接待，以满足他们的心理需求。针对这种情况，你不但要给予他们优质的"功能服务"，还需要提供优质的"心理服务"，从而达到让客户满意的目的。

客户的需求通常表现得复杂而多样。如果你能够尽一切可能满足其需求和愿望，便可以以真诚的服务打动客户的心。

销售人员要时刻有心理准备，遇到难缠型客户时要及时观察客户的神情、言谈、举止，并及时采取以退为进的方式扭转颓局，反败为胜。

专家型客户：守即是攻

相信很多销售人员都会发现这样一种情况：当自己向客户介绍产品时，客户不仅对产品讲得头头是道，还对其他公司的产品了如指掌，甚至比自己对竞争对手的了解还要多。在这种情境中，销售人员一方面会对这类专家型客户了解如此多知识而感慨，另一方面也因其对竞争对手的了解相当多而感到尴尬和自愧不如。

如今，互联网的不断发展让人们获取信息的渠道更加广泛，所以客户对产品信息的了解变得更加便捷，这也难怪很多客户成了专家型客户。可以说，当前是专家型消费的时代，客户消费变得更加专家化。销售人员面对这类客户时，往往会觉得说服他们购买产品更加难以对付。

专家型客户对销售人员提出了更多要求，销售人员不仅要加大专业知识的储备，更需要懂得掌握应对专业型客户的技巧。

1.不漏痕迹地赞美客户知识渊博

赞美是世界上最好的语言，能够拉近两个人之间的距离。销售人员对于专家型客户往往感觉束手无策，因为他们懂得太多。此时你不妨停下原本想要向客户展开介绍产品攻势的计划，而是先让客户一吐为快，展现他们的才华和学识。然后在适当的时机不露痕迹地赞美客户知识渊博，这样能让你的赞美显得非常自然。同时，你还可以适当地添加一些调侃的"调料"，这样容易调节气氛，让客户感觉内心非常舒服。

一位戴着眼镜、看上去文质彬彬的男士走进一家手表专卖店。销售员小董发现顾客在看一款男士手表，他认为这位男士肯定是对这款手表感兴趣，否则不会在柜台前端详这么久。于是，小董上前介绍产品："先生，您真有眼光，我们这款手表是瑞士进口机芯……"还没等小董再往下讲，这位男士就打断了他的话，并且说："不用讲了，我知道这款手表，它的机芯是瑞士进口的，材质……"客户讲述完毕，他能够如此懂这款手表的功能、材质等让小董大吃一惊，毕竟这款手表新上市不久。此时，小董意识到她是遇到了"行家"，于是对这位客户夸赞了一番："哇，没想到您对我们的产品很关注啊，您如此了解我们这款产品，一看就是这方面的行家。不过我们这款手表在设计的时候，设计师还留了一点小心机，不知您是不是感兴趣呢？"客户此时是满脸的求知欲，连连点头。此时小董已经从客户的神情中读懂了客户的心思，知道自己已经成功攻破了客户的第一道心理防线，因此继续说道："您看这里，我们的设计师让人们在佩戴时更加凸显品位之余，还着重考虑舒适感，在此处安装这样一个小装置，可以让人们佩戴时毫无束缚感。"客户显然已经开始兴奋了，并说道："我对这款表已经心仪很久了，没想到它居然还有这个体贴的功能。好，今天就把它收了。"可见，赞美是一种永久受人欢迎的防守方式，防守得当比强攻更加有效。

2.发掘客户喜好，推荐产品

专家型客户显然对于自己的喜好以及产品特性了如指掌，如果你一味地向他介绍产品，并按照你的思路为其推荐你认为他们可能喜欢的产品，此时你的行为就无异于"自杀"。因为专家型客户无论在产品相关的知识领域还是在个人喜好方面都有非常明确的判断和选择，这时候你推荐的产品如果不能正好迎合他们的喜好，那么不但不会达到产品销售的目的，还会让客户反感，进而离你远去。显然这样的结果是得不偿失的。所以，面对专家型客户，"死守"即是变相的攻击。

小王是一位家电推销员。一天，店里来了一位女士。小王经过询问，得知这位女士想买一台智能抽油烟机。正当小王开口要给这位女士介绍面前的一台智能抽油烟机时，这位女士打断了他："嗯，不用介绍了，我不打算买这台。虽然我知道这个牌子的抽油烟机品质还行，能够自动检测公共烟道压力的变化，可无极调节电机功率，排烟压力差恒定，确保了排烟效果，但它还是没有××品牌的好，我还是不喜欢这款。"此时，小王发现自己正面对着一位专家级别的客户，显然这位客户对智能抽油烟机的功能和运行都了然于胸，在应对的时候必然不会像对待普通客户一般容易。于是，小王急忙改变策略，在客户所说的话中搜索相关信息，并从客户提到的"××品牌"入手，他判断客户应该更加中意××品牌智能抽油烟机，于是专门为客户推荐了一款××品牌，而这款恰好是这位女士非常喜欢的并打算入手的那款。最后两人在愉快的交谈中轻松成交了。

  当前是专家型消费的时代，"顾客是上帝"已经演变为"顾客是专家"。在这个转变的过程中，销售人员一方面要提升自己的知识水平，让自己的知识比消费者的知识更加专而精；另一方面，还需要用守的方式来代替强攻。这样让消费者感觉自己遇到了一个超级认同自己判断和选择的销售人员，不但赢得了面子，还买到了自己心仪的产品。

高冷型客户：以柔克刚，用温情感化

销售人员经常会遇到这样的客户：当你热情地迎上前询问客户是否需要帮助的时候，他们冷若冰霜的表情下掩盖的是一种强烈的警戒心理，并向你表示自己"只是随便看看"。

顾客出现这种情况的原因通常有以下几种：

第一种，自己根本没有计划性，只是随便逛逛，发现有自己喜欢的再考虑购买。他们认为销售人员专门为自己服务会耽误销售人员的时间。

第二种，担心接受了热情的服务之后却拒绝购买，会让双方感觉都很尴尬。

第三种，购物习惯使然，做事喜欢独立，不喜欢旁边有人推荐，不喜欢被别人打扰。他们担心销售人员影响自己原本的喜好和判断能力，或者担心掉入销售人员设计的圈套之中。

第四种，不喜欢背后总被人跟着，会有一种被人跟踪的感觉。

这就是很多销售人员认为高冷型客户难以接近、不好相处，感觉束手无策的原因。这类客户在逛商场、选购商品的时候都不喜欢、不需要销售人员的帮助。在这种情况下，直接迎上去为其介绍产品或者寸步不离地跟着他们并为他们推荐产品，无异于逼迫他们快速离开。

其实，应对这类客户并没有你想象的那么难。只要选对应对方式，拿下高冷型客户同样可以手到擒来。以柔克刚、温情感化就是对待他们的最佳方式。

1.尊重客户意愿，安抚客户情绪

要想既不让高冷型客户感觉厌烦，又能保证成交，你需要事先征求客户的意见，并通过积极的语言安抚、稳定客户的情绪，让其按自主意愿挑选，不会因为其他顾虑而影响购买心情。

2.保持一定的距离，随叫随到

为了避免高冷型客户内心产生尴尬和不自在，你可以先回避一下，和客户保持2.5~3米的距离，并站在一个较好的角度边做手里的事情边观察客户动向，以便在客户发出帮助需求信号的时候能够第一时间给客户提供帮助和服务。这是一种柔性很强的应对高冷型客户的方式。

小斌从事销售行业已经五年了，经常遇到形形色色的客户。在经历了五年的销售生涯后，小斌完全可以自如地应对不同类型的客户。一天，店里进来一位老先生，小斌像往常一样带着微笑迎上去，说："老先生，您有什么需要帮助的吗？"老先生并没有直视小斌，而是边看商品边冷漠地回答："我先自己看看。"此时，根据小斌多年的经验，他判断这位顾客属于高冷型，于是并没有继续追问顾客什么，而是亲切地提示这位老先生，如果老先生有任何需求他都能随叫随到。这位老先生听了先是愣了一下，然后脸上的冷漠开始有了一丝消退，但依旧独自逛商品。小斌则与老先生保持着一定的距离，在整理着货架上的商品。

过了一会儿，这位老先生突然问这款产品的出厂日期怎么没找到，此时，小斌贴心地拿着一把放大镜递给老先生，并把出厂日期的位置指给老先生看，老先生似乎被小斌的热情和真诚所打动，于是放下了最初的警戒心理，开始和小斌攀谈了起来，离开的时候买了好几件商品。

可见，小斌正是因为懂得与高冷型客户的相处之道，才能让这场本来尴尬、冰冷的销售活动氛围缓和了许多。

3.用真诚与温情冰释客户的警戒心理

高冷型客户会对销售人员产生一种警戒心理，在一定程度上为自己建立一道与人隔绝的壁垒。要想消除这道壁垒，关键在于销售人员如何一步步引导客户。在引导的过程中，真诚的语言和温情牌是必不可少的筹码。

谨小慎微型客户：从安全保障入手，建立信任

在销售过程中，我们经常会遇到一些谨小慎微的客户，他们的典型特点就是小心、谨慎，凡事都会问一句："可靠吗？"他们在遇到热情推销产品的销售人员时往往避而远之，非常担心会上当受骗。面对这种类型的客户，很多销售人员都选择了放弃。其实，无论何种类型的客户都是有弱点的，只要能抓住他们的弱点攻其不备，拿下订单是迟早的事情。

面对谨小慎微型客户时，销售人员应当采取什么策略来应对呢？答案就是给予客户足够的安全感。

说到底，这类客户之所以处处小心谨慎，关键是对外界不能完全信任、没有安全感。在这类客户眼中，推销员完全就是陌生人。有陌生人上门拜访，谁都会有戒备之心。再加上市场上的假冒伪劣产品太多，时时刻刻威胁着人们的身体健康，久而久之，人们就不由自主地、类似于条件反射地对推销构建起了心理壁垒，以求自我保护。

换位思考一下，如果你见到陌生人给你推荐商品，购买之后却发现是假货，可卖给你产品的人早已不知所踪，你又是何感想呢？

所以，现在很多人在遇到推销人员的时候，采取的第一措施就是退避三舍，直接给销售人员吃一记闭门羹。他们这样做也不是没有原因

的，因为安全感已经成为当今客户产品购买的第一需求。成功的销售人员应当抓住安全感这一主题，多方面地努力满足客户的安全心理需求，提高自己的销售业绩。

但是，客户安全感的建立并不是一蹴而就的事情，是需要通过一定的方法来达成的。对于老客户而言，他们不存在这类问题，因为老客户和销售员之间原本就是非常熟识的，安全感是自然存在于双方交流过程中的每一个环节的。对于新客户而言，增强他们的安全感是进一步促成成交的前提。所以，给予客户安全感，让客户产生信任是应对谨小慎微型客户的重要策略。

1.给予客户心理安全感

销售人员经常会有这样的经历：客户问了一大堆问题之后依然没有购买产品，而是离开了。出现这种情况的关键是什么呢？其实就是因为他们没有获得心理上的安全感。客户之所以会提出一大堆问题，是因为他们想对产品有更多的了解，以图获得心理上的安全感。然而最终没有购买就离开了，是因为他们内心的疑虑还没有完全消失，他们对销售员并没有产生足够的信任。这时候，你应当如何让客户内心产生安全感呢？

比如在淘宝网上做销售，当买家向卖家提问的时候，买家和卖家并不能面对面交流，买家也看不到卖家的笑脸。所以，店铺的界面一定要做得让买家感觉十分友好，客户一定要让买家感觉到自己的微笑，比如发一些微笑的表情、寻找相同的兴趣点、语言亲和感十足、让买家把自己当成朋友等，从而排除客户的紧张、警戒情绪，之后再向其中肯地介绍产品。需要注意产品描述不能过于夸大其词，否则会适得其反。

2.给予客户人身安全感

客户购买产品的目的就是为了让自己的生活品质有更好的提升，为了让自己的生活变得更加简单、便捷，而销售人员的希望就是能够获得源源不断的利润，所有这些都是建立在客户人身安全的基础上的。所以销售人员不能为了销量的提升而对客户的人身安全置之不顾。

有时候，销售人员为了"偷懒"，会在产品介绍的时候只介绍大概，而忽视详尽的说明。这样做虽然自己省事不少，却极大地降低了客户购买的欲望，因为他们不能从你所提供的产品中获得人身安全的满足。所以在向客户介绍产品的时候，一定要积极详尽地介绍，以免漏掉一些关键信息，这样能让客户感觉到自己所关心的安全问题销售人员也一样在关注。当客户对于安全感的心理需求得到了满足，自然会大胆、放心地购买产品。

3.给予客户经济安全感

私有财产是神圣不可侵犯的。对于销售人员来讲，帮助客户做规划，让客户能够花小钱办大事，就能够给客户一种经济安全感，就能很好地降低销售阻力。人与人之间的任何交易都是建立在信任的基础上的，当你赢得了客户的信任，销量的提升就是迟早的事情。

小倩去超市购买洗发水，起初打算买一套200毫升的滋润洗护套装。此时，超市的推销人员过来，看到小倩正打算购买一套200毫升的洗护套装，便给小倩介绍500毫升的滋润洗护套装，并建议她买两套。小倩一听就立刻产生了一种警惕心理，认为超市推销员是为了完成销售任务而给自己设了一个"圈套"，所以小倩并没有理会推销员。此时推销员给小倩算了一笔账："你看，这套大瓶500毫升洗护套装售价是98元，一洗一护加起来是1000毫升。而这套200毫升的滋润洗护套装，售价45元，虽然看着是便宜，但是洗护加起来才400毫升。如果你买两套200毫升套装的价格是90元，总计800毫升，而500毫升套装的话相当于只花8元的价格就能买到200毫升。你再看看200毫升套装，意味着22.5元才能买到200毫升。你觉得哪个更划算呢？"此时，小倩恍然大悟，之前的态度也转变不少，最终购买了一套500毫升的滋润洗护套装。

超市推销员深谙小倩属于谨小慎微型，于是站在顾客的立场上，通过精打细算的方式给小倩足够的经济安全感，以此博得了顾客的信任，最终达成交易。

总而言之，销售人员要善于观察和判断，能够"到什么山上唱什么歌"，这样才能深入客户内心，让客户一步步对自己产生信任。可以说，信任是产生一切交易的基础和前提。

犹豫不决型客户：制造危机感，促其快速做出决策

相信我们在销售过程中经常会遇到这种类型的客户：他们看到商品的时候总是不能直截了当地做出决定，在处理问题时显得比较迟缓，对任何问题都犹豫不决。有趣的是，这类人的内心深处是非常想独立做出选择，想一切都根据自己的意志、凭借自己的感觉来决定，但最终到了临门一脚的时候却因为考虑的问题太多，反而拿不定主意、不知所措。这类客户就是典型的犹豫不决型客户。这类客户并不是偶尔出现犹豫不决、不知所措的情况，而是在任何时候都难以做出决定，完全是性格所致。

王兰具有天生的选择恐惧症，经常在购买商品的时候，看到每件同类产品都不错、都有很多优点，所以很难做出购买决定。

有一天下午时分，王兰去挑选一条丝巾作为生日礼物送给母亲。当走进一家丝巾专卖店之后，王兰看到琳琅满目的丝巾瞬间感觉自己十分无助。此时，一位店员走了过来，询问王兰是否需要帮助。王兰主动向店员告知买丝巾是作为生日礼物送给母亲的，并告知店员母亲的年龄、颜色喜好、图案喜好，以及价位需求等，店员在脑海中快速搜索着符合

王兰需求的丝巾。不一会儿，店员为王兰挑出了三款，王兰对这三款丝巾表示都十分中意，但依旧拿不定主意。店员见状就把三条丝巾拿出来，让王兰分别试戴，让她挑选自己认为最中意的，但王兰还是没有做出最终的选择。

此时，店员依旧不急不躁，向客户发起最后一轮强势"攻击"。她拿起一条粉底牡丹蝴蝶花色的丝巾，向王兰表示：这条丝巾是今年最流行的爆款，在市场中十分走俏，上午库存就剩两条了，其中一条被一位老客户预订了，现在只剩下手中这条。并说王兰是非常幸运的，现在还有仅剩的一条。王兰一听，"库存告急"，而且"幸运"不正是自己想要向母亲传达的祝福嘛！希望母亲永远能有好运相伴。于是王兰就买下了这条丝巾送给母亲。

这位店员在对待犹豫不决型客户的时候，每说一句话都能够最大限度地迎合客户需求，并逐渐引导，适时制造危机感，让客户不再因为选择迷茫而犹豫不决，加快了客户成交的速度。具体来讲，在销售过程中，销售人员遇到犹豫不决型客户，具体的应对步骤如下：

1.探索真相

挖掘客户需求是销售人员需要做的第一件事情。在面对客户的时候，销售人员可以以询问的方式让客户说出自己的心声，从客户的话语中探究客户的真正需求。销售人员需要做的就是做一名聆听者，从犹豫不决型客户的话语中提炼出重点信息，并加以分析，从而采取适当的对策打动客户的心。

要知道，与犹豫不决型客户打交道是一件非常困难的事情。很多销售人员会被犹豫不决型客户的拿不定主意弄得不知所措。因此，在与这类客户打交道的过程中一定要讲究严谨、讲究条理，尤其在细节上多下功夫，帮其快速做出优势对比，进而促使其快速做出购买决策。

2.解决客户疑虑

事实上，很多时候客户内心已经做好了购买决定，但依然不会快速表达出来，他们常常会从产品的价格、包装、气味、赠品、是不是正品等各种细节上综合考虑，迟迟不肯下单。此时，销售人员需要做的就是消除客户的疑虑：

（1）紧抓关键词，有针对性地介绍产品。需要注意的是，销售人员说什么不重要，重要的是客户想听什么。销售人员所讲的不一定是客户想听的，所以在销售人员讲的过程中客户只挑自己想知道的听。销售人员在向犹豫不决型客户介绍产品的时候，一定要言简意赅，不要啰唆。另外，销售人员在向客户介绍产品时，一定要针对客户需求以及客户最在意的问题，进行有针对性的介绍。哪怕产品卖点再多，但客户就关心其中三个甚至更少，那么这三个卖点就是让客户能够不再犹豫的"灵药"。

（2）给客户留出时间，让客户自己体验产品。若销售人员介绍完产品之后客户依然表现出犹豫不决，此时最好的办法就是邀请客户直接进行产品体验。在客户体验产品的过程中他才能真正感受到产品的优势，这样做还有其他两方面的好处：一方面是为了给客户多留出考虑的时间；另一方面是让客户在产品使用体验中真正近距离感受产品的质地、气味等细节品质，从而能让销售人员结合客户需求，更有力地说服客户做出购买决策。

3.制造危机感，加速成交

有时候，客户即便已经做出购买决策却迟迟不肯成交，此时就需要下一剂"猛药"——制造危机感。顾名思义，制造危机感就是让客户感知到再不成交就会出现某些危机：

（1）限时限量折扣。告知客户此时购买产品能享受活动价，限时限量折扣价是非常诱人的，错过了这次就错过了一年。

（2）库存告急。库存告急也可以给客户带来一种危机感，让客户知道如若不抓紧时间成交，就错失了购买机会，即便喜欢也是空欢喜一场。

销售人员采取步步为营的措施之后，犹豫不决型客户会全面权衡利弊，之后就会抓紧时间，下定购买决心并达成交易。

吹毛求疵型客户：从微小细节入手，各个击破

吹毛求疵型客户也是常见的一种客户。他们最大的特点就是事事力求完美，眼里容不下半点瑕疵。他们即便对产品有好感，却依然能够找出各种理由来挑剔，找出他们认为的产品的各种毛病。

面对这种类型的客户，销售人员需要从微小细节入手，将客户的挑剔各个击破，让客户最终心甘情愿地成交。具体的销售应对技巧如下：

1.有丰富的学识，特别是专业知识

对于这种吹毛求疵型客户，销售人员不但要具备销售天赋，还必须要有充足的专业知识，专业性知识更容易让人信服。在遇到客户的各种挑剔的时候，销售人员完全可以利用自己掌握的专业性极强的知识来"捍卫"产品品质。

2.从产品细节入手，驳回客户

吹毛求疵型客户会尽可能地挖掘产品的瑕疵或缺陷，此时销售人员要做的就是从产品的细节入手说明产品的优点，并在同类产品中进行对比，向客户力证什么才叫作瑕疵，以压倒性优势驳斥客户，让客户心悦诚服，无毛病可挑。

陈橙开了一家网店。他发现经常会有一些买家明明看中了衣服却总是吹毛求疵，向陈橙提出衣服的毛病，比如买家秀显示有色差、衣服太长或太短、面料不够理想等。这些客户企图通过挑剔瑕疵的方式来讨价还价。事实上，这些问题都是因人而异的，个子高而瘦的人穿同样码数的衣服自然不会显长，而个子矮而胖的人穿在身上的效果自然不一样。再者，电脑、手机显示器也会对产品的展示效果产生影响。电脑显示器不同，出现轻微色差是情理之中的事情……这些并不能算作产品质量问题。陈橙早已对这类人的心理猜得熟透，也有自己的一套应对方案，他经常拿其他店铺的仿品的买家秀、买家评价、产品特写等细节来驳回客户这种不合理的砍价方式。在经过各方面的对比之后，这类吹毛求疵型客户也无话可说，只能原价购买产品。这就是细节的力量，可以让销售人员打败一切不合理的吹毛求疵，并成功售出产品。

3.最大限度地满足他的自尊心

在客户挑毛病的时候，销售人员首先要认真听，接着要善于运用赞美的语言使其获得自尊心的满足，这时候的客户会沉醉于销售人员的话语中，暂时转移了注意力，不会过分挑剔产品，也不会十分为难销售人员。

在夸赞吹毛求疵型客户的时候，销售人员应当从其善于挑剔的一面出发对其进行赞美，可以赞美其细心、能够看到细节的东西，可以赞美他学识丰富、对产品有研究、有独到的见解，同时还需要让客户得知当前相关的生产或研发部门已经开始对产品进行深入的研究和改进，后期将会有更加让人惊喜的产品呈现在客户面前。此外，销售人员还要记得向客户提出的建议表示赞赏和感谢，让其自尊心获得最大限度的满足。

4.你需要打理好自己的"门面"

对于十足的完美主义者客户，销售人员还需注意自己的外表和言行，因为这些也很有可能是他们挑剔的地方。一旦客户对销售人员及其产品有些许不满意，他们就会立刻贬低产品，任凭销售人员再怎么挽回，都已经在他的脑海中形成了固有的"不完美"印象。

总之，应付这类吹毛求疵型客户的确不容易，但只要尽力在各方面都做到完美、做到无懈可击，那么他们所挑出的毛病也会自然不攻自破。

第 9 章
拉近距离，先交朋友后做销售

❀

俗话说，"朋友多了路好走"，无论做哪一行，要想拉近与客户之间的距离，都要先交朋友后做生意，先赚到人气再聚集财气。真正的销售高手能够在商场中长袖善舞，不仅是因为他们天赋异禀，具有一流的销售技能，更重要的是他们善于广交朋友、广揽合作，进而能够广开财路，不断攀升业绩。

先经营人脉，后经营生意

很多人认为，买卖双方是利益上的一对矛盾体。但如果我们换一个角度来看待买卖关系，就会发现，在与客户做成朋友后再做生意，销售活动开展起来将变得更加轻而易举。实际上，这也是稳拿订单的有效途径之一。

交朋友就是建立人脉账户的过程，销售工作的本质就是建立良好的人脉关系，把人脉关系充分利用起来。人脉资源是一种无形资产，蕴含着巨大的财富。正如乔·吉拉德所说："在每位顾客的背后，都大约站着250个人，这是与他关系比较亲近的人：同事、邻居、亲戚、朋友。"乔·吉拉德的这句话意味着如果你能赢得一位客户的好感，就能够赢得250个人的好感。可见，销售人员在做销售的过程中必须建立自己的人脉圈、找到自己的优质客户，在这种人脉关系的拓展下，你才能寻找到更加有价值的客户，才能使自己的业绩不断提升。

另外，销售界的"二八法则"告诉我们：80%的业绩来源于20%的客户。这20%的客户是优质客户，他们是所有客户资源的核心部分，他们的价值和重要性远大于那80%的新客户。那么这20%的核心资源是从哪里来的呢？答案就是我们的人脉。

由此，我们发现，处理好客户关系、拓宽人脉圈对于销售人员来讲是非常重要的。有了良好的人脉关系，就相当于获得了更多稳定、牢固的客户资源，在强大的客户资源基础上做销售才更有胜算。那么，销售人员应当如何经营人脉呢？

1.建立人脉圈

（1）建立人脉圈应当从自己身边的人入手。无论是朋友还是亲人都可以成为人脉圈的成员，但也不要刻意去圈人脉圈。在平时与亲朋好友相处的时候要注意真诚相待，这样才能建立彼此之间的信任关系。

（2）客户以及竞争对手的销售人员也可以成为你的人脉圈成员。如果可以将客户发展为你的人脉圈成员，那么你不但可以获得可观的收入，同时还可以借助老客户开发许多新客户。另外，竞争对手的销售人员也可以成为你的人脉圈成员，大家在一起交流经验、互学有无，可以快速开拓自己的思路和见解。

（3）让行业内的专家成为人脉圈成员。行业内的专家可以向你提供一些更有价值的信息和工作指导。虽然我们不一定能和这些专家级人物进行面对面的沟通和交流，但可以通过电子邮件、电话、微信等工具保持联系。

（4）人脉圈成员的人脉。每个人都有属于自己的人脉圈，开发已有的人脉圈成员的人脉，并将其吸纳到自己麾下，你的人脉圈将无限扩大。这种人脉圈的建立可以通过参加会议、聚会等方式来实现。

2.经营人脉圈

（1）设立人脉账户。我们会在银行中为自己设立银行账户，以存储和管理自己的财富，或者通过投资行为实现财富的增值。银行账户里存储的积蓄越多、投资越多，我们所获得的收益也将越多。同理，人脉也可以这样经营。你可以设立一个人脉账户，不断地积存信赖、情感、礼貌、尊重、关爱、真诚、仁慈、帮助等，这些都可以为你的人脉财富进行充值。当这些财富在人脉账户中积累到一定程度之后，他人就会对你更加信赖。每个人都深谙"来而不往非礼也"之道，如果你以某种方式给对方带来了利益，对方也会同样想着为你最初的付出而给予回报，为偿还你的人情而购买你的产品。

崔健是一家动物医药公司的销售人员，主要负责开拓豫北市场。有一次崔健去焦作开拓市场时，到某乡下考察市场，回来的时候已经是晚上八点多了，回县城的公交车已经停运了。这时候正好遇到一辆开往县城的面包车，崔健就搭乘这辆车回了县城。之后，崔健为了感谢车主专程上门拜谢，并在与车主熟识的过程中通过车主认识了车主的弟弟。而车主的弟弟是开办大规模养猪场的老板，此后崔健就经常到这位老板的养猪场考察，该养猪场有500多头母猪，规模较大。对于养猪场的老板来讲，使用兽药原粉更加方便有效，也更加划算。于是，崔健向养猪场的技术人员推荐自己的兽药原粉，但是由于提成问题最终无果。崔健明白，如果能拿下这家养猪场，会给自己带来不菲的收益。但就当前的情况来看，还需要从长计议。

于是，崔健改变销售策略，没有立刻向老板提及业务方面的任何事情，而是经常到养猪场走动，与老板谈论养猪方面的问题，并且有时候还相约一起出去玩，从不谈论业务。在出去玩了几次之后，老板按捺不住了，就问崔健："你不是动物医药的销售员吗？为什么从来都不跟我谈业务呢？"崔健回答道："我来找你是因为我们已经成了好朋友，好朋友之间只能有纯粹的友谊和无私的帮助，不会掺杂其他商业动机的。"老板看着崔健一本正经的表情，听着崔健掷地有声的话语，顿时被感动了，于是开始主动询问崔健有关兽药产品的问题，并开始尝试使用崔健的产品。经过长时间的不断努力，该老板最终成了崔健的长期客户。

崔健的明智之处在于先去建立人脉账户，并不断地进行充值。当这种人脉财富聚集到一定程度时，老板对崔健完全放下了戒备之心，成了崔健的朋友，并用"长期合作"作为对崔健的回报，让崔健从中受益颇丰。

（2）平时多"烧香"。很多人认为在建立人脉圈之后就完事大吉了，就可以与这些客户资源进行交易了。殊不知，这种人脉关系也只是一种纯粹的买卖关系，这样的销售人员也是不会做长久的。建立人脉的目的虽然是为了获取更多的盈利，但如果不去好好经营，人脉是很难发挥其巨大潜能的。所以，销售人员平时应当多去"烧高香"，而不要想着临时"抱佛脚"。销售人员可以经常定期上门拜访老客户，每逢节日的时候就给他们派上一份特殊而有意义的礼物，在大家休息、闲暇的时候可以组织一些聚会，这样能够提供一些让客户经常见到你的机会，同时还能拉近彼此之间的距离。更重要的是，在他们有产品需求的时候能够在第一时间想到你。

总而言之，学会经营人际关系，你就踏上了成功销售的道路。

多一点人情味，多一点成交机会

如今，各行各业的市场竞争空前激烈，消费领域也不例外。销售人员再像以前一样用传统方式推销自己的产品、把自己与客户之间的关系界定为单纯的买卖关系，显然已经行不通了。销售领域拼的不仅是产品的品质和服务，更需要的是一种浓郁的"人情味"。在销售当中时常添加一些"人情味"的元素，让那些注重情感价值的客户充分满足情感需求，进而愿意与你成为生意之外的朋友，给你带来更多的成交机会。

有一位非常年轻的"富二代"听说不锈钢管生意比较好做，主动联系到钢管厂的销售经理王涵。在经过两次电话交谈之后，这位客户亲自来王涵所在的工厂看样品。然而，在详细的交谈过程中，王涵感觉到这位"富二代"客户是地地道道的"门外汉"。他只是从感官上觉得不锈钢管够圆、表面够亮，又在攀谈中觉得王涵是一个实实在在的人，于是要求马上签合同，并准备进50多万元的货。王涵觉得这位客户实在是太冒险，建议这位客户先购买一些试单，看看产品是否适销。但是这位"富二代"做事比较冲动，并没有听取王涵的建议，所以王涵只好与他签了协议。这位客户付了两成定金之后就去东莞考察市场了，王涵所在的工厂也开始了这笔订单的生产。

合同内容约定分批交货，首次交货时交一半的不锈钢管，之后的一星期内所有的货生产完毕。可是"富二代"的销售进展似乎并没有他想象中那么顺利，他似乎并没有打开销路，有的客户甚至在谈好之后又毁约了。"富二代"因为失败而选择了放弃，并告知王涵剩下的不锈钢管他不想要了。此时这位客户在王涵这里有8万元的定金，按照合同，单方毁约完全可以按照协议不退还定金。客户知道自己理亏，想跟王涵商量希望能退回4万元定金。王涵作为销售经理，在处理这方面的事情上还是有一定权力的，经过核算后，最后王涵还是把全部的8万元定金都退回给了客户。因为客户的违约，使得王涵所在工厂的库存积量增加，多多少少影响了生产计划，间接减少了利润，但也不至于亏空。于是王涵认为既然工厂不会亏，只是少赚了点，就没有必要扣除客户的8万元定金了。"富二代"感觉王涵在商场上做生意非常有"人情味"，虽然自己生意失败，却把王涵看作是自己的朋友，主动将自己的人脉介绍给王涵，不少人成为王涵的客户。王涵虽然失去了这笔生意，却因为多了一点"人情味"换来了更多的成交机会。

王涵的这种做法实际上就是在销售"人情味"，并用这种"人情味"换来了客户对他的好感。所谓"买卖不成仁义在"，客户通过帮王涵介绍人脉，作为王涵当初对他暖暖的"人情味"的回报，最终实现了双赢。

那么，销售人员应当如何在销售过程中多一点"人情味"呢？

1.对客户多一些礼貌的提醒

对客户的提醒可以是一些微不足道的提醒，如提醒客户收好钱、检查是否落下东西等。这些提醒虽然看似与销售毫无关系，却通过点滴细微的提醒让客户发自内心地感激你。

2.对特殊客户关心送别

客户群体中不乏特殊客户，他们可能是老弱病残孕群体中的一员，他们的行动会有不便，所以当这类客户离开时销售人员应该给予他们适当的关心，如对待老人，应当提醒其注意脚下、小心台阶等。这些简单的举动和关心的话语会让他们心中一暖，从而让你在他们心中树立起良好的形象。

3.提供实实在在的服务

在当前竞争激烈的市场环境下，销售人员在售卖产品时还需要向市场深层次开发，多给客户一份关爱，多给客户一点实实在在的服务，让客户感到你的一颗真正为他们服务的心、一片真正为他们服务的情。如果说产品的第一次竞争是产品质量的竞争，那么服务竞争就是产品的第二次竞争。在产品同质化的时代，第二次竞争同样是赢得客户的关键，是增加成交机会的关键。在服务上能够让客户体会到你的"人情味"，成交概率自然会大幅度提升。

总而言之，客户在购物的同时不仅需要动听的问候、真切的微笑、真诚的商品宣传，还需要销售人员能够在提供实实在在的商品的同时，多一些"人情味"。所谓"一枝一叶总关情"，以"情"待客，自然会赢得更多的回头客。

用超预期的服务，让客户"赖着"你

　　方圆是一位做皮革生意的老板。虽然方圆才二十几岁，做的也是小本买卖，却因为他能够在销售领域运筹帷幄，被不少客户和业界人士所熟知。方圆不仅是生意场上的老板，更是一个热心肠的人，经常将客户的问题当作自己的事情，及时给予客户极大的帮助。也正因如此，方圆在朋友、客户之间获得了良好的口碑。

　　一天，方圆去一位老客户家里拜访。在交谈中，方圆得知这位客户开的一家皮鞋厂因为一些原因，生产出来的皮鞋没有任何独特性，没有办法占领市场，一时间导致销路受阻，皮鞋卖不出去，还占去了大半库存。看着这位老客户愁眉不展的样子，方圆提议："何不换一个设计师，在产品上进行突破？""现在我们这行设计师非常抢手，国内那些高级设计师早已被一抢而空。"此时，方圆突然想到自己上周去参加一位朋友的聚会时，朋友介绍认识了一位刚从国外回来的设计师，通过交谈，方圆认为这位设计师行事风格非常个性，对审美有自己独到、新颖的见解，曾在国外拿过好几次个人设计奖。于是，方圆当即拿起了电话，帮这位客户说了很多好话，设计师才愿意与这位客户见面商谈合作事宜。

之后，这位客户和设计师达成了合作。三个月后，全新款式的皮鞋投放市场，一时间这位客户的皮鞋品牌在市场上非常走俏，销量直线上升，不但解了燃眉之急、渡过了难关，而且事业也越做越大。自此，这位客户就把方圆当成了无话不说的知心好友，只要有需要就从方圆这里购买皮革，还亲自给方圆介绍了很多客户。

显然，方圆为客户解了燃眉之急，用自己微薄的力量做了自己力所能及的事情，为客户提供了超出预期的服务，甚至超出了所销售产品应有的服务范围，让客户为他的这种热情、周到、体贴的服务所感动，从而"收买"了客户的心，使双方之间的关系从原来的客户关系直接升华为无话不谈的朋友关系，更重要的是促成了方圆与客户之间的成交量。

具体来讲，为客户提供超预期服务的方式有以下几种：

1.提供能够为客户拓展事业的服务

客户也是"凡人"，生活中也会经常遇到一些烦心事。此时如果销售人员能像及时雨一样给予力所能及的帮助，这对于他们来说无异于久旱逢甘霖，自然会对你的帮助"感恩戴德"。这样客户必然会"死心塌地"地与你合作，此时客户与你之间的关系已经超越了买卖关系，是一种事业上的合作伙伴关系。这为你能够在日后的销售道路上一马平川、勇往直前奠定了坚实的基础。

2.提供关心客户及其家人的服务

没人乐意被推销，同时也没人会拒绝别人对他和他的家人给予的帮助，这种帮助已经远远超过客户的预料。真挚的关怀和帮助往往能够打动客户的心，会让其更加有兴趣和你谈生意。这种带有情感因素的关怀和帮助所产生的强大威力是产品价格、产品品质、交货效率等所无法比拟的。一旦客户认为你是在发自肺腑地为客户和他的家人提供帮助和服务，即便是你的产品品质和竞争者相比稍显逊色，他都会毫不犹豫地选择和你进行合作。因此，提供关心客户及其家人的服务，也是让客户感觉获得了超预期服务的一种方式。

3.提供与产品无关的服务

如果你为客户提供的仅仅是分内的服务，做得好的话，客户会认为你拿了钱就应该将服务做好；做得不好，客户会认为你做事不够负责任，对你产生严重的不满，甚至还会对你指责和谩骂。

虽然向客户提供的边缘服务是可做可不做的，但如果你能够做得好，客户会对你的服务态度刮目相看，会认为你是一个尽职尽责的销售员，即便做不好也不会太为难你。

如果你成功为客户提供了与产品无关的服务，客户必定会对你感激不尽，进而把你当作商场中的长期合作伙伴，同时还会为你介绍客户。通过为客户提供与产品无关的服务，能使客户与销售人员之间的人情关系牢不可摧，这也是"套牢"客户、让客户"赖着"你的最佳方法。

超预期的服务是每一位客户都不会拒绝的，通过超预期的服务可以让客户感觉到你为人热忱、乐于助人的一面。这种超预期的服务更能感动客户，换来客户与你的友好关系，为你带来更多的合作机会，这才是每个销售人员应当具备的销售技巧。

利益同享，互利才能共赢

在销售界有这样一句话："人找生意难，生意找人易。"的确如此。有过销售经历的人都会感觉到人要去找生意比较难，而生意主动跑来找你时，生意就容易做。那么，如何才能让生意主动来找你呢？这就要靠朋友的力量。要想让友情长远，首先就需要善待他人，充分考虑对方的利益。

事实上，销售人员与客户之间看似是一种买卖关系，实则也是一种互利互惠的合作关系。在销售领域，其实每天都在上演下面这样的"活话剧"：

玛丽是纽约一家装修装饰公司的销售员。一次，她带着一份购买合同找到了刚买了新房子正在筹划装修事宜的乔治。玛丽告诉乔治，她们公司有他需要的所有装修材料，而且质量都非常好，价格是8万美元。而乔治告诉玛丽，他的经济收入有限，目前还拿不出这么多钱采购如此昂贵的装修材料。玛丽想要说服他，说她的产品质量比同类产品要好很多，要环保很多，但乔治都以"售价太高自己承受不起"为由一口回绝了。

　　实际上，乔治也并不是拿不出这笔装修材料的钱，而是认为玛丽的要价比市场中的同类产品高出了很多，价格根本不合理。

　　回去之后，玛丽思前想后，认识到了自己所犯的错误，她又重新调整了一下产品售价。两天之后，她又一次找到了乔治。一见面，玛丽就向乔治诚恳道歉："真的很抱歉，乔治先生，我上次给您的报价确实虚高，在此我向您致歉。为了表达我的诚意和歉意，我又重新调整了报价，材料一样不少，质量一样不差，价格变为了5万美元，将近原来的二分之一。另外，希望我们日后能够有更好的合作，我特意给您申请了一项只有内部员工才有的返利优惠。我们在价格为5万美元的基础上给您1万美元的会员返利，只要您办理一张会员卡，这笔返利款当即可以入账，下次您来购买材料时可以使用这笔返利款，长期有效。"此时，乔治认为玛丽给出的报价也相对合理，并且还有1万美元的返利，以后再装修的时候可以直接拿来当作装修款使用，还是非常划算的。于是表现出很高兴的样子，对玛丽说："很好，很合理，我很高兴你能这样做。咱们看一下样品，把合同签了吧！"验过样品之后，乔治爽快地和玛丽签订了购买合同。

　　在这次交易中，玛丽一改之前的销售计划和策略，将价格降低了将近一半。有人要问：这样玛丽做生意能赚到钱吗？当然可以。不仅如此，玛丽通过"内部员工返利"的策略，用给会员卡返利1万美元的销售策略牢牢地"拴住"了客户，不但让客户认为自己花最少的钱买到了高品质产品，同时还比普通客户享有更多的优惠，自然对玛丽重新给出的产品报价非常满意，交易也就能够顺利达成。当然，玛丽在这次交易中也是赢家，既售出了产品，还赢得了客户的认可，并且通过返利优惠方式在很大程度上提升了客户的重复购买概率。

在这场销售活动中，玛丽充分抓住了客户"花小钱办大事"的心理。通过玛丽与乔治的友好协商，创造了双赢的良好局面。所以，在销售过程中，销售人员只有做到与客户利益同享，才能实现互利共赢。

1.保证客户正常的利润空间

销售人员在与客户利益同享的时候，首先应当保证能够给予客户正常的利润空间，如正常的销售差价、月度返利、季度返利、年终返利、规模返利等，这些都要首先为客户做出保证，因为这是客户利润的主要来源。如果不能给客户保证正常的利润空间，那么客户的利润就会大打折扣，结果客户就很容易流失，交易也很难顺利进行。

2.减少客户损失

销售人员可以专门向客户提醒和建议，让客户尽可能地避开和减少不必要的损失，这一点非常重要。因为只有在保证客户利益的前提下，客户才愿意与你继续合作，你才有利润可赚；如果客户损失巨大，对你的信任也会毁于一旦，你就会失去这位客户，可谓"一荣俱荣，一损俱损"。

王家庆是一位股票销售员。在一位客户大量购买基金时，王家庆发觉股市的风险明显加大，他建议客户暂停购买基金，并大面积帮客户赎回基金，帮助许多客户避免了股市大波动带来的巨大经济损失。王家庆的举动增加了客户对他的信任与认可。经过几轮大跌，风险释放了，王家庆再次帮助客户适量配置偏股型基金与债券基金，累积销售超过了2000万元。

王家庆在发觉股市风险即将来临时没有置客户财富安全于不顾，而是赶紧提醒他们暂停购买基金。保住了客户财产的同时，王家庆也保住了自己的客户，成功取得了客户的信任，有效提升了自己的销量。

3.帮客户省钱

都说商人无利不起早，做生意的目的就是为了盈利，这本是无可厚非的事情。但有些销售人员为了最大限度地获取利润，不惜损害客户利润，虽然从眼前利益看，销售人员的确是赚了，但从长远利益来看，销售人员是亏损的。因为客户"被宰"一次，就足以让他们吃一堑长一智，日后自然不会在同一个地方"栽"第二次。而销售人员所面临的就是全力寻找更多的新客户，从而弥补老客户流失的空缺，以此来维系持续盈利，这就是著名的"漏斗原理"。假如你在一周内失去100个客户，此时你就需要得到另外100个客户，从表面上看你的销售业绩没有受到任何影响，而实际上为争取这些新客户所花费的宣传、促销等成本显然要比维护老客户要昂贵很多。站在销售人员投资回报程度的角度来看，这样的做法是非常不经济的。

要避免这种恶性循环，唯一的方法就是在你自己盈利的同时多考虑客户的利益。为客户利益着想的一个重要方面就是为客户省钱。你能为客户省钱，也就相当于给了客户一定的优惠，客户自然会高兴不已，自然愿意与你建立长期合作关系。所以，你要有和客户一起并肩作战的心理，让客户获得看得见的优惠。

　　总之，如果你能为客户提供省钱的方案和建议，客户自然会对你信赖有加，自然愿意与你亲近，愿意成为你的好朋友，愿意来你这里消费。

迁就客户，你会拥有更多的朋友

在与客户打交道的过程中，难免会遇到各种利益上的争执和人情上的纠结，但如果你过于泾渭分明，不懂得迁就客户，是很容易在客户内心深处埋下抱怨的种子的。"水至清则无鱼，人至察则无徒"，说的就是这个道理。太过于清澈的河水，一眼见底，鱼儿就没有容身之处了。

所以，与其埋怨、迁怒于客户，不如多一些宽容和理解，去迁就客户的个性或习惯。一旦客户察觉到你这种包容和体贴，将会对你产生认同感，把你当作他最亲密的伙伴，给你带来无限的商机。

涂磊是一家家具定制公司的销售员。一天，一位老客户主动上门找涂磊，想定制一套家具。这次老客户要定的家具数量并不多，但时间比较紧，是个很急的单子。在经过一番交涉之后，双方约定十天后交货。

第二天下午，客户送来了样品。接着涂磊马上到模具科找到了开模师傅，让开模师傅照做。由于时间太过紧张，等模具做出来的时候也到了下班时间了。而第二天又是星期天，要放假一天，所以中间又得耽搁一天。

到了第四天，客户突然到访，提出要看样品，如果对样品满意的话就立即生产。涂磊感觉非常抱歉，因为产品最后的收尾工作还没有做好，所以只能次日把样品快递给客户。客户听到这样的消息神情马上变得十分严肃，最后无奈地离开了。涂磊看着客户远去的身影，心里一阵紧张。

第五天，客户收到了涂磊寄出的样品，感觉样品还算中意，于是打电话给涂磊，并询问能不能在三天的时间里把全部的定制家具做出来，另外再加一倍的订购数量。涂磊急忙去问老板以及生产主管，结果老板说客户提出的要求不可行，最快也需要五天时间才能完成。

无奈之下，涂磊只好如实告知客户，这段时间排单比较紧，最快也要五天时间。客户听后若有所思，却没有多说，只是告诉涂磊要回去考虑一下。结果，这位客户又另找了一家公司为他定做了这套家具。这样，涂磊眼睁睁地看着到手的生意从手里飞走了。

事后，涂磊十分懊悔，在这件事情上自己应当承担很大的责任。这个单子急，因为他没有和公司的生产主管等部门妥善协商，使得客户在焦急中一共等了五天时间，自己却没有很好地迁就和配合客户，没有加班加点出货，没有满足客户要求，所以就会失去这位客户一半的生意。

事实上，与客户相处时，无论是面对客户的普通要求还是特殊需求，销售人员都应当尽职尽责、尽心尽力，而不是让客户迁就你。作为销售人员，你的任务就是让你的"上帝"满意你推荐的产品和你提供的服务，如果你不能做到迁就客户，而是让客户迁就你，那么你将失去很多商机。

那么，在销售的过程中，应当如何迁就你的客户呢？

1.摆正心态，设身处地地为客户着想

很多时候，在客户提出要求的时候，我们不能站在自己的立场上，没有为客户设身处地地着想，而是我行我素地按部就班。实际上，这是一种没有摆正心态的表现。我们应当时刻想客户所想、急客户所急，从客户的角度考虑问题，在提升服务质量的同时，也相当于为你所在的公司贡献了自己的微薄之力。销售人员要时刻迁就客户，明白"迁就客户"并不是一句口号。不管何时何地，你都应当以客户为"上帝"，迁就客户，而不是让客户迁就你。为顾客着想不仅要表现在思想上，更要体现在行动上，不仅要为顾客解决问题，而且还要给顾客快乐的心情。

2.为客户尽可能提供更多的便利

在为客户提供服务的时候，首先要考虑的是如何能够节省客户的时间，给客户节省时间其实也是在为你自己节省时间。在短时间内提供高效、便捷的服务才能让客户对你的服务更加满意。在为客户提供更多便利的时候，可以从商品的陈列、商品的采购、商品的支付方式入手，让客户感觉到你的服务既贴心又暖心。

一位客户走进一家名品店，看上了一款心仪的商品，结果正当付款时发现出门时不小心把钱包落在了家里，也没有带现金和银行卡。此时她满脸写的都是尴尬，为忘记带现金和银行卡而表示歉意。店员似乎看出了这位客户的为难之处，便关切地向客户说道："没关系，我们这里有多种支付方式，如果可以的话，我带您到我们隔壁的店铺通过支付宝的方式支付。"客户一听，脸上洋溢着笑容，最初的尴尬瞬间消失，并对店员真挚地说了声"谢谢"。支付完后，客户高兴地拿着商品离去。

此后，这位客户一去逛商场，就必定进这家店里光顾，久而久之大家彼此相互熟识，客户便成了这家名品店的老客户、老朋友。

正因为在客户忘记带现金和银行卡的情况下，店员尽力为客户提供更多的便利，让客户感觉非常贴心，不至于让自己下不来台，所以客户也能够怀着一颗"回报"的心来光顾店铺，店铺也因此赚取了不少利润。

总之，每个人都是有血、有肉、有感情的。你能够事事迁就客户，时时为客户着想、为客户解决问题，客户自然会对你更加亲近，更加愿意与你建立长期的友好合作关系，愿意将更多的获利机会留给你。

第10章
好买卖"激"一把，才更容易成功

在销售过程中，销售人员难免会遇到十分被动的情况。如果你没有吸引住对方，那么你讲得再好也无异于对牛弹琴，不会产生任何作用。所以，在恰当的时候应当设法刺激一下准客户，引起他们的注意，取得谈话的主动权，此时你才更容易主动出击，一招拿下客户。"激"一下客户，你的销售更容易成功。

新品上市，引发客户"尝鲜"的好奇心

《善恶经济学》的作者托马斯·赛德拉切克说过："人类已经无法停下尝试新鲜事物的脚步，无论是过去，还是当下或者未来。因为这是人类所拥有的一种天性。"

那么，什么是"尝鲜心理"呢？所谓尝鲜，即是人们对新环境中诞生的新事物产生强烈的好奇感，并希望能够率先对这种新事物拥有使用权、占有权的心理倾向。"尝鲜心理"可以驱动个体主动接近当前能够刺激人们率先尝试的新事物，并对其积极思考与探究。

当前，很多企业运营、推销产品都已经洞察到了人类天生具有的这种"尝鲜心理"。只要将"尝鲜心理"运用得当，业绩将手到擒来。销售人员借助客户的"尝鲜心理"，可以在新品上市时大力推广和宣传自己的新品，起到很好的刺激消费者购买的强烈欲望的目的，从而实现销售目标。

通常情况下，以下几种人更容易在新品上市时被激发起"尝鲜"的好奇心。

1.激发好奇心旺盛者的"尝鲜心理"

好奇心旺盛的人是"尝鲜心理"最有代表性的一类人。当你在推销产品时，这类客户会对你的产品产生好奇心，这说明你已经充分调动起了他们的"尝鲜心理"。如果他们对你的产品没有一点兴趣，则说明你在推销过程中遇到了阻力。换句话说，如果你能够引起潜在客户的好奇心、激发他们的"尝鲜"欲望，就可以获得诸多成交机会。因此，要想引起他人的好奇和关注，首先要做的就是把控对方的"尝鲜心理"。

2.激发紧跟时尚潮流者的"尝鲜心理"

随着社会的发展和时代的进步，人们已经不再满足于单一的生活习惯，多元化、潮流化成为一种新风潮。所以，那些紧跟时尚潮流的人是最深入、最贴近生活的一类人群，他们往往对新生事物具有一颗急切的"尝鲜"之心。

比如，每款苹果手机上市之初，都有大批紧跟时尚潮流的人彻夜疯狂地排队购买。然而，当另一款全新苹果手机上市后，追风热潮又一次刮起，甚至比前一次更加火爆。这时候，人们又舍弃前者奔向后者。如此反反复复，这些紧跟时尚潮流者总能走在时尚潮流的最前端，他们总是喜新厌旧。因为在他们眼中，不懂紧跟时代风向的人就好比不能随大流的鱼儿，逆流而上只能让自己能量耗尽，最终被鱼群淘汰。所以，销售人员可以充分利用这种心理，在喜欢跟风的年轻时尚人群中推销上市新品，从而激发他们的"尝鲜心理"。

3.激发对某一领域有较强兴趣者的"尝鲜心理"

俗话说，"兴趣是最好的老师"，一切动力的产生都源于最初的兴趣。世界著名的推销专家海因兹·姆·戈德曼总结出的一条推销公式——爱达公式，其中讲到四个销售步骤：引起注意、引发兴趣、激发欲望、促成交易，而其中最重要的一环就是引发兴趣。的确，只有对某领域有较强兴趣的人，我们才能激起其强烈的"尝鲜"欲望。

比如，当你推销的一款新品正好是客户在这方面感兴趣的产品时，客户就会积极寻找与产品、使用等各方面有关的信息，通过这些信息，他们会加深对产品的了解，从而进一步激发购买的"尝鲜心理"。这种形式源于客户对某产品产生了强烈的好奇和兴趣，并最终将这种好奇和兴趣转化为购买力。

以上三种激发客户"尝鲜心理"的销售方式是从不同的客户类型入手而展开的一种主动促进客户购买的销售手段。如果单独从销售策略上讲，可以有以下三种途径：

1.根据现有的目标客户，直接推送相关的促销活动信息

在现有的目标客户中推出新品促销活动信息，可以通过促销的方式激起人们的好奇心和尝鲜欲。因为，促销在人们的心里一定是可以享受到折扣价、优惠价，甚至还可以获得赠品，更重要的是可以率先使用新上市的产品，让自己既省钱又有面子，这样更能激起顾客的"尝鲜心理"。

上级给张亮派发的任务是将刚生产的摄像机投放市场，并且给其制定了最低销售指标。一款新品刚刚上市，要想快速占领大片销售市场是有一定困难的，是需要一定时间的。于是，张亮便在现有的目标客户群中广泛散发新品限时限量抢购的促销信息，尤其是向那些平时喜欢跟风、追逐时尚的年轻人发起重点攻势。事实证明张亮的这种做法十分奏效，有很大一批客户争相报名，希望能够"尝尝鲜"。因而张亮投放市场的500件新品在一天时间内就很快一抢而空。接下来，张亮将新品恢复原价售卖，然而此时新款摄像机的良好口碑已经在广大民众中建立了起

来，即便是原价也有不少人愿意购买，也想亲身体验一下新款摄像机的全新功能，也想成为当前这股时尚潮流中的一员。因此，在半个月的时间里，这款摄像机就已经脱销。

张亮的成功完全是因为他能够洞悉和掌控广大消费者的"尝鲜"心理，并借助一定的销售策略，让摄像机在短时间内就能脱销，这是其他销售人员应当多加学习和借鉴的。

2.找到目标用户领域的KOL，提供试用品

所谓KOL，就是指关键意见领袖。他们虽然不一定会经常购买产品，却拥有更多、更准确、更专业的产品信息，而且在相关群体中具有一定的话语权，对群体的购买行为具有极强的影响力。通过为KOL提供试用品，借助KOL的力量为你的品牌代言，就会吸引一大批同类型客户蜂拥而至，去抢先亲身体验产品。

3.找到目标客户群集中地，发布新品上市信息

可以在目标客户群集中的地方，通过线上（论坛、贴吧、博客、微信、微博、QQ等）和线下（商场、展会、卖场等）平台发布促销信息。线上、线下双管齐下，可以让新品发布的信息传递给更多的人，从而激发他们先睹为快的心理。

可以说，"尝鲜心理"是一种从认知到情感的导火线，也是加速成交的催化剂。销售人员应当学会利用这种心理，把产品销量提升到新的高度。

用限时、限量和折扣刺激客户"抢不到的即是最好"的心理

很多人都喜欢去购买打折商品，因为花低价也能买到好货。其实，打折是很多商家的一种变相的赚钱方式。通常，商场打7折、8折是常见的，但打5折已经很少见了。但日本东京有一个银座绅士西装店，这里却首创了"打1折"销售的商店，并且轰动了整个东京。当时销售的商品被命名为"GOOD"，店家的销售策略是这样的：首先定出打折销售的时间，第一天打9折，第二天打8折，第三天、第四天打7折，第五天、第六天打6折，第七天、第八天打5折，第九天、第十天打4折，第十一天、第十二天打3折，第十三天、第十四天打2折，第十五天打1折。看起来好像是最后两天买东西是最优惠的，但实际情况是这样的：由于前期宣传的效果很好，所以在第一天的时候很多顾客抱着猎奇的心态，只是进来转转；从第三天开始，一群一群的顾客蜂拥而至；到第五天和第六天打6折的时候，顾客像洪水一般涌来开始抢购，商品就已经被抢购一空。后面几天有不少顾客因为没能抢到心仪的商品而感慨："错过了抢购的最好时机。"

不少人认为商家肯定是"疯了"。商家如此疯狂促销，顾客如此疯

狂抢购，商家肯定要赔本。但实际上商家运用独特的销售策略，让自己的商品在还没等到打1折的时候就全部售罄。显然，商家所谓的"打1折"实际上就是一种销售战术。

在佩服商家这种销售智慧的同时，我们不禁要思索一下。这家销售"GOOD"产品的商家一方面抓住了消费者爱贪便宜的心理，用限时限量折扣的方法刺激消费者的购买冲动，进而让没抢到折扣商品的客户感到遗憾；另一方面，调查显示，消费者的购买决定是在很短的时间内做出的，也就是说消费者是很容易因为冲动而产生购买行为的，而"GOOD"充分利用按天进行不同折扣促销的方法刺激了消费者的购买欲望。

从商家层面来讲，成功地让产品一抢而空是利用了消费者的贪便宜心理和冲动购物心理。而对于销售人员来讲，要从"GOOD"的销售策略中加以借鉴，要审时度势，时时利用客户的这种爱贪便宜心理和冲动购物心理，使客户做出购买行为，最终达成交易。所以，销售人员应当知道如何才能有效利用顾客的爱贪便宜心理和冲动购物的心理，如何促使顾客将这种心理转化为购买行为。

1.与客户建立信任关系

在绝大多数情况下，顾客对于销售人员是带有一定的戒备心理的，从而会警告自己不要盲目消费。但是如果顾客认为是一位可以信赖的销售员在推销产品，自然就会放松警惕，进而产生购买行为。正因如此，销售人员在与顾客交流的过程中一定要表现出足够的真诚，让他们对你产生足够的信任，此时再推销产品则可以大大提升成功率。

2.限定条件并刺激顾客抢购

随处可见、随处可买的商品往往不会让人产生强烈的购买欲，因为客户只要想拥有它，它永远在那里静静等候光临。但如果在时间、数量、折扣上有所限制，就能给客户一种紧迫感，让其产生一种"走过路过绝不错过"的心理，自然会认为一旦抢到了就是赚到了。

这就好比是儿童世界一样。当你单独给孩子糖果吃的时候他不一定会接受，但如果在他旁边的孩子抢着要这块糖果，他必定会伸手去讨回。小孩子的这种心理其实在成年人身上也是有的，只不过随着年龄的增大，这种心理逐渐被理智所控制，所以只能深藏于内心，不会轻易显露出来。限定条件并刺激顾客抢购是一种很有效的销售心理战术，全世界的每一个有商品销售的地方都会使用这种心理战术，并且因此获得颇丰的收益。

3.看准时机该出手时就出手

销售人员一定要准确捕捉顾客瞬间的购物冲动，并及时引导顾客购买，以求快速达成交易。因为顾客的购买决策极有可能是一时的冲动，这个时间段不会很长，而且顾客的冲动很快会被理智所打败，所以在他们还没回归理智之前就要快速完成交易。如果错过了这个最佳时机，可能你就会与这个订单无缘。所以，销售人员一定要看准时机，该出手时就出手。

强化不买的"恐怖"后果，激发客户的强烈购买欲望

很多时候，你苦口婆心地向客户介绍了产品品质、功能等诸多优点之后，客户依然无动于衷。出现这样的情况，很可能是因为你介绍的产品信息不足以激起其购买欲望，没有让其真正感受到拥有你的产品之后生活会发生什么样的改变，也没有让客户清楚知晓不购买产品将会出现哪些恐怖的后果。

彭辉是一家知名保健品的销售员，他销售的产品有一部分是孕妇专用保健品，比如孕妇专用钙片等。一天，一位大妈走进店内，准备给自己的老伴买两盒钙片。彭辉热情地问道："大妈，请问您需要什么帮助吗？"大妈一看是一位年轻的小伙子向自己走过来，回答说："买钙片。""那请问您是买普通钙片还是孕妇钙片呢？""打算给我老伴买两盒。你刚说还有孕妇钙片？""是啊。""不是只有老年人才会缺钙导致骨质疏松吗？孕妇是年轻人也需要补钙？可我年轻的时候生了三个孩子都没补过钙，现在不也好好的吗？""是的，大妈，您看啊，孕妇怀胎儿，等到胎儿长骨骼的时候就会从孕妇身上吸收钙质，如果此时孕妇不注意补充钙质的话，就会小腿抽筋、牙齿松动，甚至还会出现妊娠

期高血压疾病，这不但对孕妇身体不好，也不利于胎儿的发育。您说得当然有道理，在您那个年代是很少有人注重孕期补钙的。一方面是这一知识没有得到普及，另一方面是那时候没有网络、电视，所以人们消息比较闭塞，很少听到有孕妇、胎儿缺钙的消息。但现在咱不都有这条件了吗？也不差几个买钙片的钱。您想想，如果在怀孕期间不补钙，一旦导致孕妇和胎儿缺钙，到时候花的治病的钱可是现在的几十倍，甚至几百倍啊！"大妈仿佛恍然大悟："这么说还会影响胎儿健康？那我儿媳妇现在怀孕两个月，我可得给我儿媳妇也来两盒先备着。"于是，彭辉靠这几句话就卖出了四瓶钙片。

显然，彭辉给这位大妈在强化了不买孕妇钙片的恐怖后果之后，刺激大妈欣然购买了原本并不在购买计划范围之内的商品，最后双方各得其所，皆大欢喜。所以，这种强化不买的恐怖后果的销售策略，在销售过程中激发客户购买欲望的作用是极其强大的。那么如何才能借助强化不买的恐怖后果激发客户快速下单呢？

1.用好与坏的结果进行对比，让客户发现不买的利弊

在向客户强化不买的恐怖后果时，应当从正反两面进行对比，让客户发现：一种是购买的话可以得到潜在利益；另一种是暗示不购买的话会存在很大的风险。客户在明确两种不同的结果之后必定会趋利避害，下定决心购买产品。

2.强化因小失大造成的得不偿失的后果

销售人员还可以向客户强化因小失大造成的得不偿失的后果，细致分析其中的利害关系，并让客户明白为了节省花销而省小钱，最后将会为当初的"省小钱"而付出巨大的代价，甚至是用大量金钱都换不来的巨大代价。客户在权衡之后必定会激起购买欲望，进而加速成交。

3.实事求是，切忌夸大其词

在向客户强化不买的恐怖后果时一定要实事求是，切勿夸大其词。因为过于夸张不但不会给客户带来威慑感，还会让客户认为你所说的其实都是为你推销产品而构建的一场巨大的骗局，让客户对你的信任度猛降，甚至为零，如果这样则非常不利于你的销售工作的开展。

适时使用激将法，为促成客户成交再添一把火

在销售行业，有一句让销售人员非常受用的话："请将不如激将。"的确，在推销的过程中，如果能够适时使用激将法，一定能够为促成客户成交添一把火，从而取得更多的成交机会、收到积极的销售效果。

所谓激将法就是销售人员在适当的时间、用适当的语言，在不伤害客户的前提下刺激客户，让客户在逆反心理的作用下达到成交的目的。

客户在最后做出购买决定之前往往犹豫再三都拿不定主意，在这个时候，要想让客户快速做出决定，临门一脚的激将法是关键。但是，在使用激将法时也需要看清楚你所面对的对象是谁，同时还需要考虑当时所处的环境等。激将法并不能随心所欲地滥用，掌握激将法的时机很重要。过急，欲速则不达；过缓，则无法激起对方的自尊心，达不到签单的效果。

先生陪太太逛商场，走进一家服装店，太太独自看女装，先生在看男装。销售员迎上来问道："姐姐，请问有什么需要帮助的吗？"太太十分冷淡地回答道："我自己随便看看。"

此时，销售员又转身走到先生面前问道："先生，您有什么需要帮

助的吗?" 先生说: "我是陪刚才和你说话的那位姐姐逛的, 那是我太太。" 销售员说: "现在能花时间出来陪太太逛商场的男士已经很少了。您一定是一位懂得疼太太的好丈夫。" 此时, 太太挑选了一件连衣裙, 一直在注意太太动向的销售员走过来对太太说道: "姐姐, 这件衣服无论款式、颜色都非常符合您的气质, 您要不要试试看, 效果一定非常棒。" 太太没有回绝, 直接拿去试衣间。等太太出来后, 销售员说: "果然很棒啊, 整个人的气质马上又提升了一个档次呢。" 太太此时有些心动了, 但一问价格, 感觉太贵了。正当她犹豫不决的时候, 销售员对这位先生说: "您看您太太穿上真是光彩照人啊, 这么好的效果, 您太太走在您旁边也一定能提升您的整体档次。" 先生说: "还是让我太太拿主意吧。" 销售员一看先生并没有要拿主意买下的意思, 于是打算激一下他, 说道: "丈夫给妻子买衣服是天经地义的, 更能体现出您对她满满的爱意, 您太太一定是一位会过日子的好太太。" 先生回答说: "是啊, 我太太很会过日子的。" 销售员继续笑着调侃地说道: "这么好的妻子, 更应当好好犒劳她才是, 您不会舍不得吧?"

话说到这里, 先生的脸面有些挂不住了, 于是和太太说道: "喜欢就买了吧, 反正也不差十块八块的。" 随后就招呼销售员为他太太包起来, 两人高高兴兴地离开了。

显然, 销售员在这里使用的激将法奏效了, 因为这种方法准确把握住了夫妻两人的心理, 当妻子犹豫不决时, 只要稍微 "激怒" 一下丈夫, 丈夫就会碍于面子买下衣服。销售员在没有伤害丈夫自尊心的前提下巧妙地刺激了丈夫的自尊心, 让这位丈夫认为如果自己连一件像样的衣服都吝啬得舍不得给妻子买会让人瞧不起，于是这位丈夫便拿主意买下了这件衣服。

那么在销售的过程中，我们应当如何更好地应用激将法达到刺激客户购买的目的呢？

1.把准客户的心理

只有那些具有较强自尊心、荣誉心、好胜心的客户才能有效利用激将法达到刺激其购买的目的，否则你的激将法不会起到任何作用，甚至还可能把一桩原本很有成交希望的生意错失。通常，年轻人比年纪大的人更加容易受刺激；越是衣着考究、注重打扮的人好胜心越强，越害怕别人看不起，用激将法对付这类人最容易成功。在订单快要成交时，采用激将法可以让成交的机会更大。

2.不要伤害客户的自尊心

客户拥有消费的决策权，销售人员在促成签单的时候就可以采用激将法逼迫客户签单，但是激将法必须建立在不伤害客户自尊心的前提下，否则一旦伤害了客户的自尊心，客户必然不愿意与你达成最后的交易，这样订单就溜走了，对你自己也不会有任何好处。所以，在使用激将法的时候，一定要注意把握分寸。

3.要注意态度自然

激将法本身就容易在客户与销售人员之间制造紧张气氛，所以为了保证双方谈话依旧融洽、为了实现成交，销售人员在使用激将法的时候一定要注意态度和表情自然流畅，用笑容去化解这种紧张氛围。

巧妙拿捏客户的攀比心，促进销量倍增

俗话说 "人比人，气死人"，但即便如此，人们还是喜欢攀比。攀比是客户的一种追赶时尚的偏好，即想拥有别人已经拥有自己却从未拥有的东西；或者是别人有自己也有，但自己一定要拥有比别人更好的。在销售中，如果能够利用客户的攀比心理，定能让自己的销量倍增。

小乔和小倩是大学室友。小乔家庭富有，平时吃穿用度都十分讲究。一天，她去逛商场，看到一条非常中意的连衣裙，于是就买下了。

回到宿舍之后，小乔换上漂亮的裙子，在大家面前炫耀了起来。此时，出身农村、家境不太好的小倩正在专心看书，却被舍友的一通赞美打断了读书的思路。回头望着小乔穿着新裙子生机勃勃的样子，小倩顿时感觉如果自己有这么一条裙子，兴许会比小乔还会美上三分吧。

有一次，小倩和同学出去，路过一家商场进去闲逛。小倩突然看到一条自己非常喜欢的裙子。在试穿之后，小倩觉得这条裙子就像是专门为自己量身定做的一样，无论款式、颜色、大小都是那么让她满意，整体上都不输于小乔的那件，甚至比小乔的还要显得高大上。小倩回过头来考虑了一下自己的家境，本想就这么算了，等自己毕业了赚了钱再好好打扮自己。正打算离开的时候，店员看出小倩对这件裙子的喜爱之情，于是说道："你看，这件裙子，款式是今年最流行的，花色是今年最时尚的元素，穿起来与你非常相配，就跟定做的一样完美。你们现在还年轻，穿起来更加显得美丽动人，等到我这个年纪，穿什么都不会比年轻人有气质了。年轻女孩子经常来我们店光顾，都非常喜欢我们的风格呢。"

此时，基于强大的攀比心，小倩就想："是啊，凭什么别人能穿漂亮衣服，我就不能展示我的美呢？"最终，小倩咬了咬牙，一狠心拿出了自己半年的生活费，买下了这条裙子。

这里，我们先不探讨小倩作为农村孩子为了一条裙子挥霍半年的生活费这一行为对错与否，单从店员充分利用小倩的攀比心理成功售出衣服来讲，店员的这种销售策略是非常成功的。不可否认的是，攀比心在这场销售活动中所起到的作用是不可忽视的。

所以，对销售人员来说，如果能够利用顾客的攀比心理，并且做出合适的引导，往往能够点燃顾客的购买欲望，从而达到成功促销的目的。

1.强调产品购买的普遍性，激起客户拥有产品的欲望

当一种产品成为大家普遍购买的产品的时候，说明这款产品已经成为大众中一种代表时尚、潮流的元素。销售人员若能在与客户交流的过程中强调产品购买的普遍性，让客户认为拥有这样的产品是一件很普通的事情，如果大家都有而自己没有就会很没面子，进而让客户产生一种"为什么别人能买，我就不能买"的想法，最终刺激其产生购买行为。

2.强调有地位人士购买，激起客户效仿的欲望

"东施效颦"的故事众所周知：一位叫西施的貌美如花的女子因为心口疼，而用手按住胸口、皱起了眉头。然而这个举动不但没有给她的美丽减分，却成就了她更加楚楚动人的一面。这时候一位相貌平平、名叫东施的女子看到眼前的这一幕，开始学习西施的样子，结果非但没有使自己变美，反而招来了人们的嘲笑和嫌弃。这个故事的寓意是用来讽刺那些生搬硬套的人。此处引用这个故事的目的就是为了说明，攀比之心自古有之，并刺激了不少人去效仿他人。这种心理完全可以应用到销售活动中。

西施代表了一类人，她优雅的举动能吸引东施去效仿。销售人员可以在销售的过程中强调产品是有地位人士喜欢选购的类型，在攀比心的作用下，自然会激起客户效仿的欲望，并让客户认为自己能够买到有地位人士都在用的商品也是非常有品位的，内心自然无比愉悦。

一位夫人去一家首饰店挑选首饰，在挑选过程中她看上了一枚非常漂亮的戒指。她拿着这枚戒指端详了半天，爱不释手，但是这枚戒指价格不菲，一时间让这位夫人犹豫不决。这时，售货员走过来，为这位夫人耐心地介绍了这枚戒指的情况，并告诉她这枚戒指曾被一位总统夫人看上了，但由于价格昂贵而没有购买。这时，这位夫人眼前一亮，之前的犹豫不决瞬间消散，非常痛快地买下了这枚戒指，脸上露出了满意的笑容。

这位售货员就是充分利用了客户的攀比心理，让客户得到了虚荣心的满足，让客户认为连总统夫人都买不起的戒指被自己买下了是一种荣

耀和骄傲。此外，销售人员不但满足了客户的心理需求，还给客户一种购买高档次、知名品牌商品的优越感和地位感。

3.多拿顾客的同类做比较，激发客户的购买行为

和客户的同类人做比较，自然会激起客户的攀比心。很多时候，当客户听到同类人都在使用该产品，即便自己并不一定对该产品有需求，但为了满足攀比的心理也会选择购买。因为如果同类人都有而自己却没有，就会感觉自己低人一等。

在借用客户攀比心理来刺激客户购买产品时要看准时机，说话一定要注意把握好分寸，话语要恰当妥帖。

让客户对产品 "上瘾"

美国有一家公司专门经销煤油和煤油炉。公司创立之初大肆刊登广告，极力宣传煤油炉的好处，但结果却不尽如人意，其产品几乎无人问津，货物大量积压，最终公司濒临绝境。

有一天，老板正大伤脑筋地思考着如何才能让公司转危为安，突然灵机一动，让手下的职员登门赠送客户煤油炉。职员听到老板这样的安排大惑不解，认为老板肯定是发愁发疯了才这样做。但是看着老板那诡异的神情，也只能听从指示。

老板的这一指示让家庭主妇们大喜过望，一个个竞相给公司打电话，索要煤油炉。不久，公司的煤油炉就被赠送一空。

当时，炉具还没有实现现代化，人们生火做饭只能用木材和煤炭。这时，煤油炉的优越性很快就凸显出来了，家庭主妇们简直一天也离不开它。很快他们发现煤油烧完了，只能自己到公司去买。当时煤油的价格并不低，但那些离不开煤油的人只能掏腰包购买。再后来，煤油炉使用的次数越来越多，渐渐地就用坏了，于是客户们只好再买新的。

显然，当你让商品有了足够的吸引力，让人难舍难离，那还愁卖不出去吗？

而作为销售人员，如何能刺激你的客户，让你的客户对产品"上瘾"，这是持续提升销量的关键。

在21世纪初期，美国著名经济学家、诺贝尔得主Gary S. Becker就提出了"理性成瘾理论"。他认为："当一个有理性的人对一件事持续关注的时候，他自然而然会被引导到一个结果，就是上瘾。"所以，这一理论完全可以应用到销售策略当中。因为做销售就是把产品卖给客户，你的客户越多，你的产品销量才会越高；你的客户越愿意追随你，你的产品销量才能得以持续提升。如果想要那些追随你的客户能够永久追随你，让他们在你这里消费成为一种难以自拔的"瘾"，就需要将他们培养成你的"极端忠诚客户"。

那么究竟什么样的客户才能称之为"极端忠诚客户"呢？"极端忠诚客户"有以下三个特点：

1.高频率反复购买

如果客户高频率反复购买你的产品，实际上他已经在无意间将你的产品视为一种离不开的产品，三天不买就心里发痒。

2.自发热情推荐

当这类客户对你极端忠诚时，他们已经将你的事情看作是他们自己的事情，因此会非常乐意向身边的朋友、同事、亲人推荐你的产品。

3.形成社交圈层

这类客户不仅是你的忠诚客户，更是你忠实的朋友，他们与你显然已经形成了一个社交圈层。当你有任何需要帮助的时候，他们都会义无反顾地帮助你。

所以，这类客户是需要你尽全力培养的。那么，具体如何培养"极端忠诚客户"，从而激发其对产品"上瘾"呢？

1.让客户有面子

客户是需要有存在感的，所以销售人员为客户提供的产品和服务要体现客户的身份，让客户有面子。如果销售人员能够表达出客户不方便说但是很想说的心里话，就会让客户获得极大的满足。例如，你可以告知客户你向客户推荐的这款产品是明星同款，这样能让客户获得一种无比的荣耀感，表明自己也是时尚达人。

2.用谈恋爱的方式把顾客的心虏获

其实，销售人员与客户交流、沟通就如同在谈一场恋爱，生意谈成了就意味着客户被你追到手了。人人都向往追到恋人的幸福和快乐，然而追的过程却是需要付出很多努力的。

（1）你需要足够勤快。要经常打电话、发微信给客户，与客户联络感情；你需要经常去拜访客户，并带一些有特色的小礼品，这样可以增加客户对你的良好印象。

（2）你需要足够的厚脸皮。被客户拒绝就像是被恋爱对象拒绝一样，是常有的事情，此时你需要有一颗足够强大的承受挫折的心。一次两次拜访没有成功也不能灰心丧气，不妨再试一下，通常成功是建立在前期失败的基础之上的。但厚脸皮不等于死缠烂打，要注意在失败中总结经验教训，注意讲究策略和技巧。

（3）你需要适当地制造惊喜。谈恋爱的时候只有在不经意间制造一些惊喜或浪漫，才会让对方得到心理的满足。同样，我们在与客户交往的时候，不要总是口头上告诉客户"我爱你"，而是要用你的实际行动去制造一些惊喜和浪漫，这些惊喜和浪漫并不是用金钱的多少来衡量的，而是看这些惊喜和浪漫是否能够恰到好处地满足客户的内心需求。如果你制造的惊喜和浪漫能够恰到好处，那么便能俘获客户的心。例如，你的一位客户或他的家人生病住院了，此时你只需要带一些水果和鲜花去看望，对方就会为你的到来而感动，会觉得你很有人情味，并逐渐将你和他之间的关系从最初的客户关系升华为一种友谊关系。

3.用高附加值刺激客户的强烈依赖性

客户购买你的产品，一定是因为你的产品有过人之处，能够满足他的需求，还能享受到商品之外的利益，这种利益往往更能刺激客户对你产生强烈的依赖性。

张三一直都喝20元的茶，但每次去新开的茶店买茶叶时，老板总是送他半两好茶。张三将获赠的好茶攒起来，以备待客时用。一天，张三闲来无事泡壶好茶品尝起来，竟然喝上了瘾，从此便不愿意再喝20元的茶了。不管他买多贵的茶叶，老板总是送他半两更好的。半年下来，张三花在茶叶上的钱竟然是原来的十倍。

显然，这家茶叶店老板是一位善于利用高附加值刺激客户强烈依赖性的销售高手，也因此收益颇丰。

4.让客户有被呵护的感觉，让客户感觉到你的温度

每个人都乐意享受被人呵护的感觉，愿意感受他人带来的温暖。所以，销售人员应当在特殊的节日为客户送上更多的温暖，如生日祝福、生日蛋糕、老客户特惠等。

第11章
用魔力"洗脑术"促成快速下单

当销售人员苦口婆心地介绍完产品，也用颇具"人情味"的行为给客户带来了诸多便利后，客户虽然照单全收却没有一丝下单迹象。面对这种情况，销售人员就需要使出"撒手锏"——魔力"洗脑术"，为客户成功洗脑，让客户对你信任有加，愿意与你达成交易。

用大家都在买的从众心理挽留客户

在销售的过程中经常会出现这样的情况：有很多人围着某柜台买东西，路过的消费者看到这一情景就会认为这家的商品一定是好产品，虽然他们对这家柜台的产品毫不了解，他们也并不需要这些产品，甚至这种产品也未必物美价廉，但他们会因为"大家都在买，我也要去买"的心理而购买这种产品。这种"大家都在买，我也要去买"的心理就是从众心理。

在心理学中有一种叫作"羊群效应"的现象。羊群是一种很散乱的组织，平时它们会盲目地左冲右撞，但是一旦有头羊发现草场并朝草场跑去的时候，其他羊也会不假思索地一哄而上，全然不考虑周围是否有狼群潜伏或者不远处是否有更好的草。简单地说，就是头羊往哪里走，后边的羊就会跟着往哪里走。这种"羊群效应"体现的就是一种从众心理。

回归到人类社会，人们之所以会有这种凑热闹、随波逐流的行为，完全是因为从众心理作用的驱使。看到别人购买就会盲目地认为这么多人的选择一定不会有错，所以也就对产品产生了信赖感。

销售人员在摸透大众的从众心理之后就可以借助这种从众心理开展

销售活动。

　　日本"尿布大王"多川博在创业之初，主要销售雨衣、防雨斗篷、卫生带、尿布等日用橡胶制品。由于公司所经营的产品在市场中没有任何特色，所以销量一直很不稳定，公司一度面临倒闭的危机。一次偶然的机会，多川博从一份人口普查表中发现日本每年大约有250万婴儿出生，于是他灵机一动：如果每个婴儿每天用5条尿布，那么这些婴儿一天就需要1250万条尿布，这是一个非常不错的商机。于是，多川博决定放弃尿布以外的所有产品，对尿布实行专业化生产。

　　全新的尿布采用新科技、新材料，质量上乘。公司也花了很多资金去为新品尿布做宣传，但是令人遗憾的是，起初生意还是十分冷清，产品无人问津。多川博在情急之下想出了一个好办法。他让自己的员工假扮成客户，排长队购买尿布。一时间，公司店铺门庭若市，长长的队伍很快引起了人们的关注，很多人好奇"这么多人排队是在干什么？""什么产品如此畅销？"这样就营造了一种尿布十分畅销的氛围，很多人也开始从众去尝试购买。随着产品销量的提升，越来越多的人开始认可多川博的尿布，多川博的尿布也因此走上了出口的道路，在世界各地广开销路，为人们所熟知。

　　显然，多川博深谙从众心理为销售所带来的巨大效应，充分利用了"大家都在买，我也要去买"的心理，成了销售界学习的典范。销售人员在销售过程中，不妨利用客户的从众心理，减轻客户对产品风险的疑虑，从而促成交易。对于新客户而言，从众心理可以有效增强其对产品的信赖感。

运用从众心理促成成交时，应当做好以下几个方面：

1.保证产品质量是关键

产品质量好才能得到消费者的认可，进而引起消费者的从众心理。毕竟，从众心理只是吸引消费者购买的一种手段，高品质产品才能让从众心理驱使的购买行为持续不断，并且提升消费者的重复购买率。

2.向客户列举有说服力的老客户

虽然客户具有从众心理，但如果你所列举的成功销售案例没有足够的说服力，那么客户也不会为之心动，更不会去埋单。所以，你应当尽可能选择那些人尽皆知的、比较有权威性的、对客户影响较大的老客户作为列举对象，否则是很难激起客户的从众心理的。比如，你可以告知客户某明星、某名人等都在使用本产品，这样更容易激起客户的从众心理。

3.实事求是地列举案例

当然，你在向客户列举案例的时候一定要本着实事求是的原则，切忌夸大其词。否则一旦客户发现你所列举的案例不具备真实性，就会觉得你是在欺骗他，你是不值得信任的，这时客户会站出来揭穿你的谎言来维护自己的利益。这样对你和你所在的公司而言，无异于声名扫地、自砸招牌。

4.从众心理也要因人而异

利用从众心理吸引客户购买一定要掌握一个度，否则客户会觉得自己在被人"忽悠"，容易产生一种被欺骗、被愚弄的感觉，这对于销售人员来讲是得不偿失的。

用"暗地里的优惠"让客户感觉自己占了便宜

销售人员为了促成成交，经常给客户会员价、发放优惠券、开展促销活动等，但客户往往认为这样的优惠是人人都能享受到的，他并不觉得自己比别人占了多大的便宜，所以不足以激起其强烈的购买意愿。

针对客户的这种心理，销售人员还可以采用一种有效的成交手段：暗地里的优惠。暗地里的优惠，顾名思义就是避开大庭广众的场合，在私底下给客户优惠。这种优惠方式可以给客户带来意想不到的惊喜，让客户感觉自己获得了差异化对待、"占了大便宜"，自然会抓紧时机下单。

超市销售员小顾专门负责洗发水的销售。一次超市周年店庆阶段，洗发水专区搞促销活动：满199减50。不少顾客认为这次店庆的促销活动给自己带来了极大的实惠，于是争相购买。然而顾客小冉虽然有些心动，但想到上周末刚买了一套洗发水，现在买也没有多大的必要，于是小冉用理智战胜了购买的冲动。小冉向洗发水专区扫了几眼，正打算离去的时候，小顾便过来跟小冉搭讪："女士，请问您有什么需要帮忙的吗？我们店内这几天店庆，今天是最后一天，所有的洗发水品牌满199减50的。这可是一次难得的'占便宜'机会呢。"小冉回答道："嗯，是挺划算的，可我上周刚买了一套，现在还不需要再购买。"看着小冉并没有心动，小顾继续说道："您即使现在不需要，也可以先囤货嘛，我们的产品都是最新的生产日期，保质期三年，您现在买到了就是赚到了。"小冉依旧神情淡定，故意试探地问道："可以再优惠点吗？"小顾笑对小冉，摇了摇头，并时刻观察着小冉的一举一动，以便做出更加准确的判断。此时，她发现小冉正要打算离开，然后不慌不忙地说道："我们这里是有规定的，说满减促销就是满减促销，不过我可以私底下送给您一些赠品，这样您岂不是买得更加划算？"小冉听到这里，眼前一亮："什么赠品呢？"小顾带着小冉到一个顾客少的地方，拿出了一套小的洗护套装，说："您看，这个小的洗护套装小巧实用，您外出旅游的时候带着它既方便又不会因为体积大而给您增加负担，而且是我们售卖产品中今年推出的新品。您看那边，大瓶的500毫升的售价都98元，这个洗护加起来100毫升，折合下来，送您这套赠品相当于给您又优惠了19.6元，将近优惠了20元呢。这可是其他顾客所享受不到的，实在是太划算了。您认为呢？"小冉心理一合计，确实划算不少，觉得自己的确跟别人相比占了大便宜，便果断购买了。

小顾的销售策略在于善于抓住适当的时机推出暗地里的优惠，让客户感觉自己的确占了便宜，不买就是"亏"，所以顾客能从原本"不打算购买"转变为"果断购买"。可见小顾的这种"用暗地里的优惠让客户感觉自己占了便宜"的销售策略成功促成了客户下单，给顾客成功"洗脑"。

在销售中，销售人员可以借助这种"暗地里的优惠"的销售方式可以成功促进交易，但使用时需要注意以下几个方面：

1.优惠要量力而行

俗话说："有多大能耐，许多大的愿。"销售人员在私底下为客户承诺优惠的时候，一定要量力而行，即在有权限给予客户优惠的前提下，给出客户适当的优惠承诺。这样既能满足客户占便宜的心理，又不损失公司利益，可谓皆大欢喜。

小王是一家销售公司的新成员，公司给每个销售人员下达了销售任务，每人每月必须销售2000件产品才能拿到基本工资，超过2000件的按照提成计算，低于2000件的则按照相应的标准对基本工资进行扣减。小王为了完成销售任务，除了公司给出的最低折扣外，还另外给客户发放赠品作为优惠。很快到了月底，小王提前两天完成了销售任务，并多售出了100件。但遗憾的是，小王不但没有拿到提成，却被老板炒了鱿鱼。小王很是不解，找经理去理论，于是经理给他算了一笔账，让小王心服口服。原来，小王为了快速完成销量，给客户送出的赠品价格已经超出了公司的获利底线，让公司蒙受了一定的损失。虽然小王超额完成了销售任务，但公司并不会为此买账。

2.要让客户获得能感受到的优惠

给客户优惠的目的就是为了让客户感觉自己占到了实实在在的便宜，所以销售人员即便是私底下给客户优惠，也一定要明确告知客户占了多大的便宜。销售人员可以通过价格计算的方式，让客户明确赚到的优惠，否则稀里糊涂的优惠并不会激起客户的下单欲望。

用专项VIP待遇满足客户的优越感

人人都有虚荣心，都希望自己获得多于别人的关爱、优待等，以此来满足自己的虚荣心和优越感。专项VIP待遇是销售人员对客户进行魔力"洗脑"的有效销售手段。

"VIP"是"Very Important Person"的简称，译为中文就是"非常重要的人""贵宾"。VIP待遇是很多商家鉴于竞争而使用的一种销售手段。但凡成为某个品牌的VIP，都可以享受普通客户、普通会员所无法享受的待遇，如生日祝福和礼物、优惠折扣、返利活动、免费维修等专享权利。因此，如果客户能够享受到VIP待遇，他们就会获得一种至高无上的优越感，这种优越感是一种面子上的极大满足，更是一种身份和地位的象征。

王太太经常去一家女子会所消费，于是会所的经理向王太太推荐了VIP会员卡的项目。王太太考虑后觉得非常划算，就办了一张VIP卡。

一次，王太太带着自己的朋友去这家女子会所做SPA。结束后，王太太去前台结账，她出示了自己的VIP会员卡，服务员接过来一看，是老板亲自签名的会员卡，立刻满面笑容，不仅做SPA给王太太打了七折，还赠送了王太太一瓶法国知名的按摩精油。这让王太太省了不少钱，而后王太太和朋友在休息厅休息的时候，经理还亲自送来一盘水果布丁，说是算自己请客，希望她们下次光临。这一切让王太太觉得自己在朋友面前十分有面子，一股优越感顿时油然而生。此后，王太太也经常带不同的朋友来这家会所消费，也有不少朋友想要办VIP会员卡。

可见，一张小小的VIP会员卡能让王太太在朋友面前大有面子，获得了足够的优越感，而且这些超值服务是每一个消费者都希望能够获得的高规格待遇。据调查，23%的持有VIP会员卡的客户，在办理VIP会员卡的时候都是为了满足虚荣心，26%的人是因为商家的推销而办理的，还有15%的人是抱着"别人有我也必须得有"的心态办理的。这个调查数据说明，你的客户大多想要得到VIP待遇，而推销的成功关键就在于你能否把握住客户的这种虚荣心和优越感心理。

用专项VIP待遇满足客户优越感的时候，销售人员应当做好以下几个方面的工作：

1.明确VIP享有的待遇

客户办理VIP，就是为了享受普通会员和普通客户所享受不到的待遇，所以，你在为客户办理VIP会员时，一定要为客户附上明确的待遇项目，让客户一目了然，让其不至于花了钱却不知道自己买了哪些特殊服务。

以下是某百货商城的VIP待遇项目：

会员的贵宾待遇

1.持VIP卡在××百货消费购物，可享受店内特约VIP品牌购物折扣

安心和放心，真正使用过产品的人更有发言权，从他们的真实体验总结出来的心得才是最有说服力的。当老客户为潜在客户进行使用体验见证、证明产品品质时，那些潜在客户便已经在不知不觉中成了你的目标客户，并一步步从目标客户转化为成交客户。销售人员也可以将客户合同文本、用户感谢信等作为客户见证的方式。

但凡有过淘宝经验的人都会发现，淘宝平台为店铺开设了评价通道，买家可以就自己购买和使用产品的心得进行评论，表达自己的满意或不满。此外，除了文字，还可以上传照片进行有效的辅助说明。这种"有图有真相"的客户见证方式就能够给潜在目标客户一个很好的参考，有助于提升客户的购买率。

3.名人见证

名人见证往往能够产生意想不到的效应，这也正是很多商品请名人代言的原因之一。名人见证可以很好地提升产品的口碑，让客户对产品产生一种信赖感。通常可以借助名人代言、明星与产品的合影、明星签名等方式进行产品见证。这种证明方式比你铺天盖地地发广告所换来的效果要好很多，也会吸引更多的人购买，以及向身边的人进行产品推荐。这就意味着你不但已经对客户本人成功"洗脑"，而且客户还愿意帮助你对其身边的人"洗脑"，这样前来购买产品的客户数量将会大幅度提升。

4.同类产品对比见证

"没有对比就没有伤害"，但同时"没有对比就没有信赖"。用同类产品进行对比，是向客户做的最好的见证。客户从对比中能够找到产品的差异性，更好地凸显产品优势，让客户购买得更加放心、使用得更加安心。

为了让消费者更加了解产品品质，海尔旗下某区的销售经理计划举办一次拆机对比，让客户见证海尔空调过硬的质量。在活动现场，三台尺寸大小存在显著差异的空调室外机，在众目睽睽下被搬上了"擂台"。技术人员一边拆机，一边向台下的消费者介绍和讲解："室外机尺寸大意味着冷凝器散热面积大，不仅比普通空调制冷、制热的效果更胜一筹，运行过程中也更加省电。"

技术人员通过现场拆机，将空调制冷、制热、省电、质量好等优势一层一层地告诉消费者。消费者通过空调机的材料选择、制造工艺、质量、噪声等多方面的差异对比，深刻感受到了海尔空调更加安全、安静、舒适、优质的使用体验。所有这些都深刻地触动了消费者的神经，不少观看室外机现场拆机质量对比的消费者直接表示："空调还是海尔质量好，以后购买空调就选海尔。"当然也有不少有空调需求的消费者现场订购了自己心仪的空调机型。

可见，海尔空调的这次拆机对比见证活动给产品品质增加了很多信心，也让消费者对海尔空调有了更多的了解，无异于给客户吃下了"定心丸"。

5.让有影响力的重要客户做见证

无论是产品圈内还是圈外，很多有影响力的人往往具有很强的号召力，能给他人带来一定的安全感。所以，你可以寻找具有影响力的重要客户，把推销的重点放在说服重要客户上，当你取得了与重要客户合作的机会之后，就可以利用重要客户的巨大影响力来带动和号召更多潜在客户购买。